J.S.G.

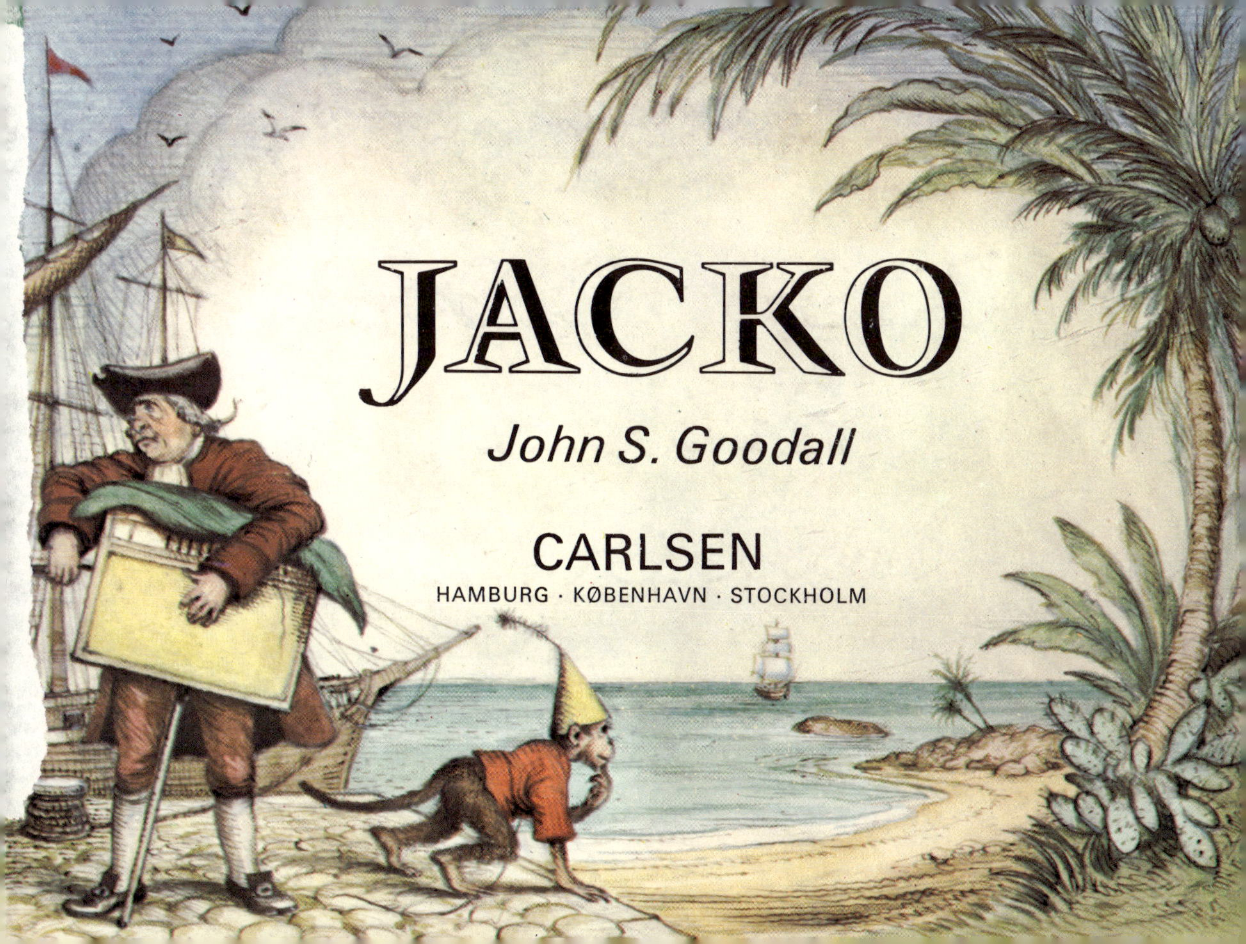

JACKO

John S. Goodall

CARLSEN
HAMBURG · KØBENHAVN · STOCKHOLM

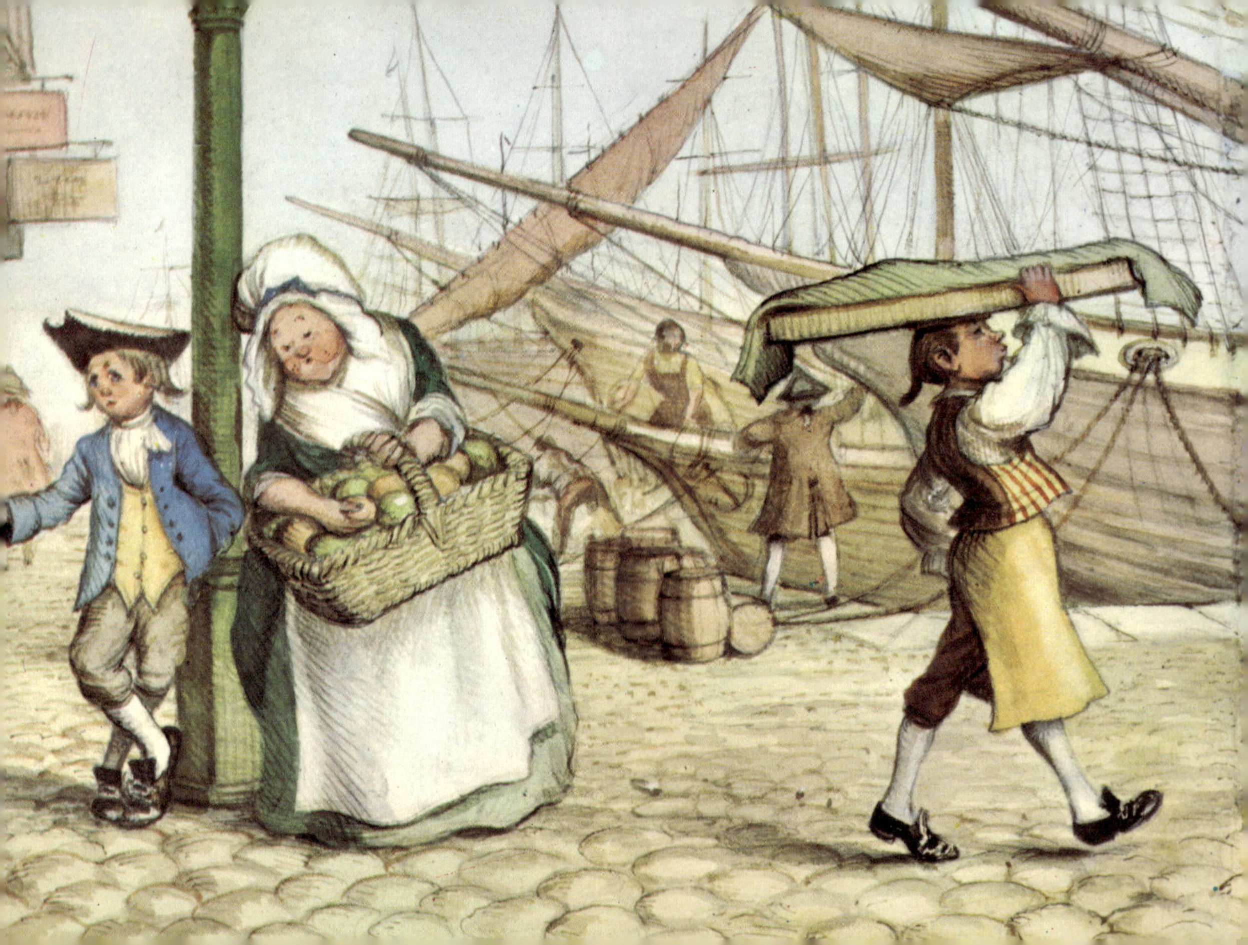

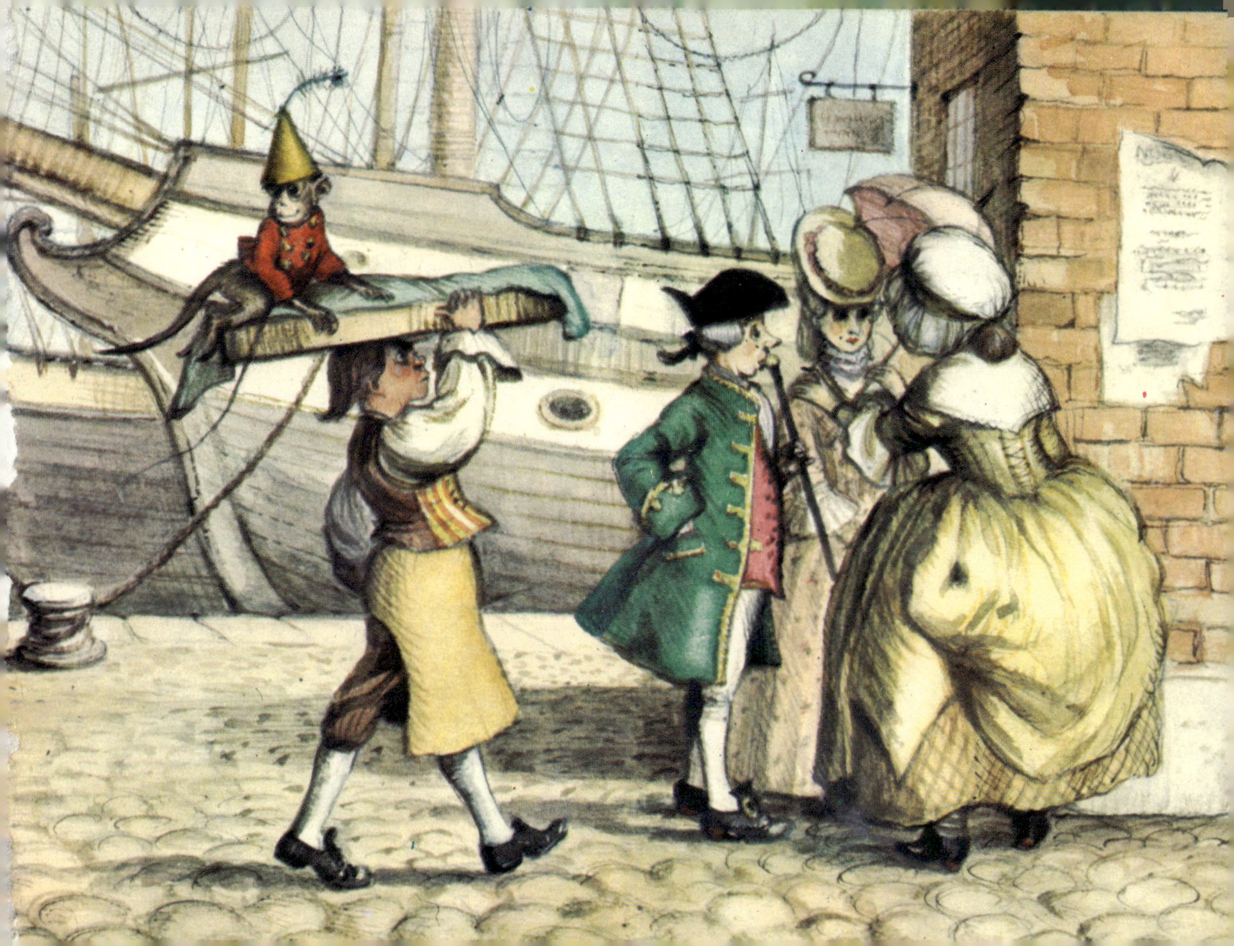

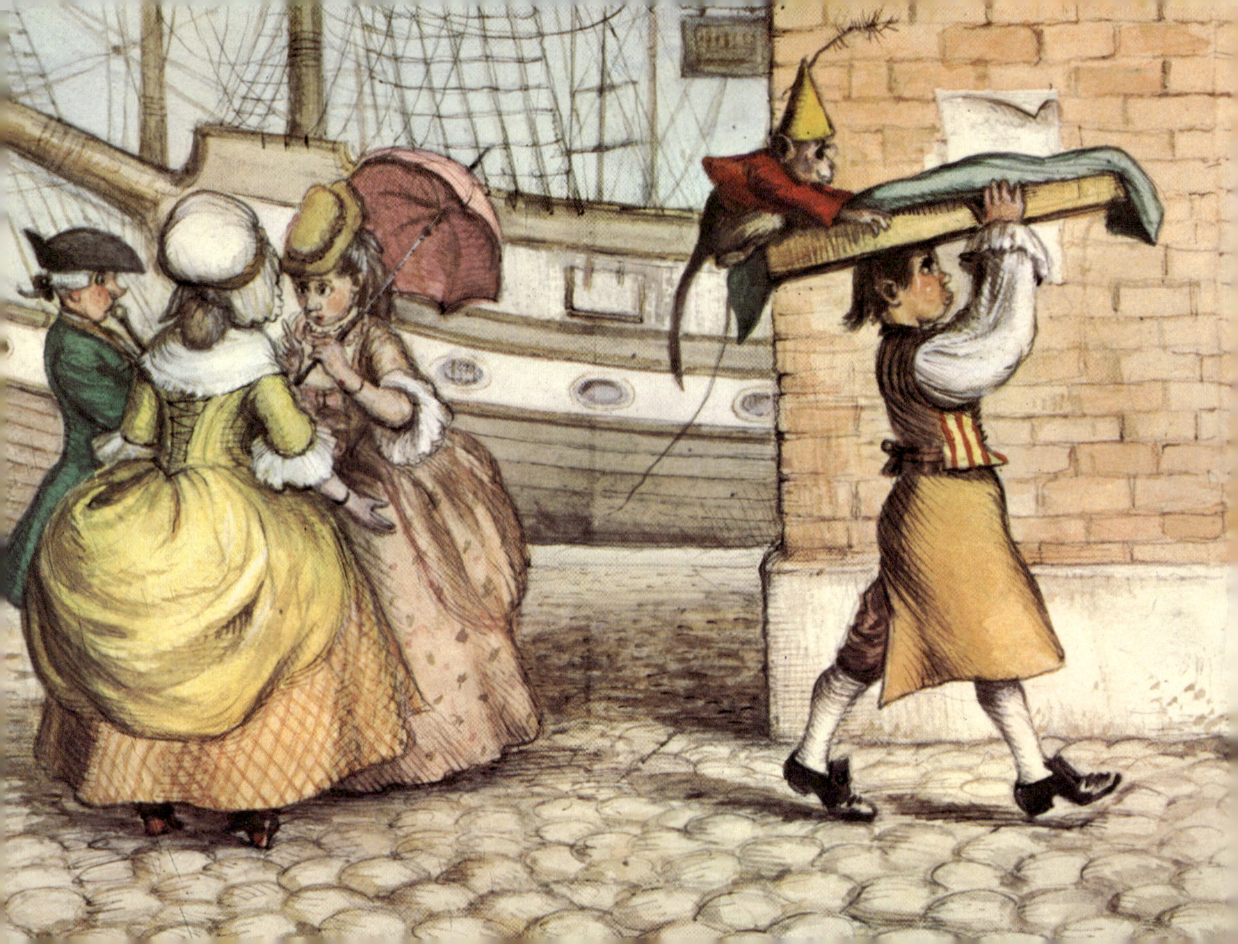

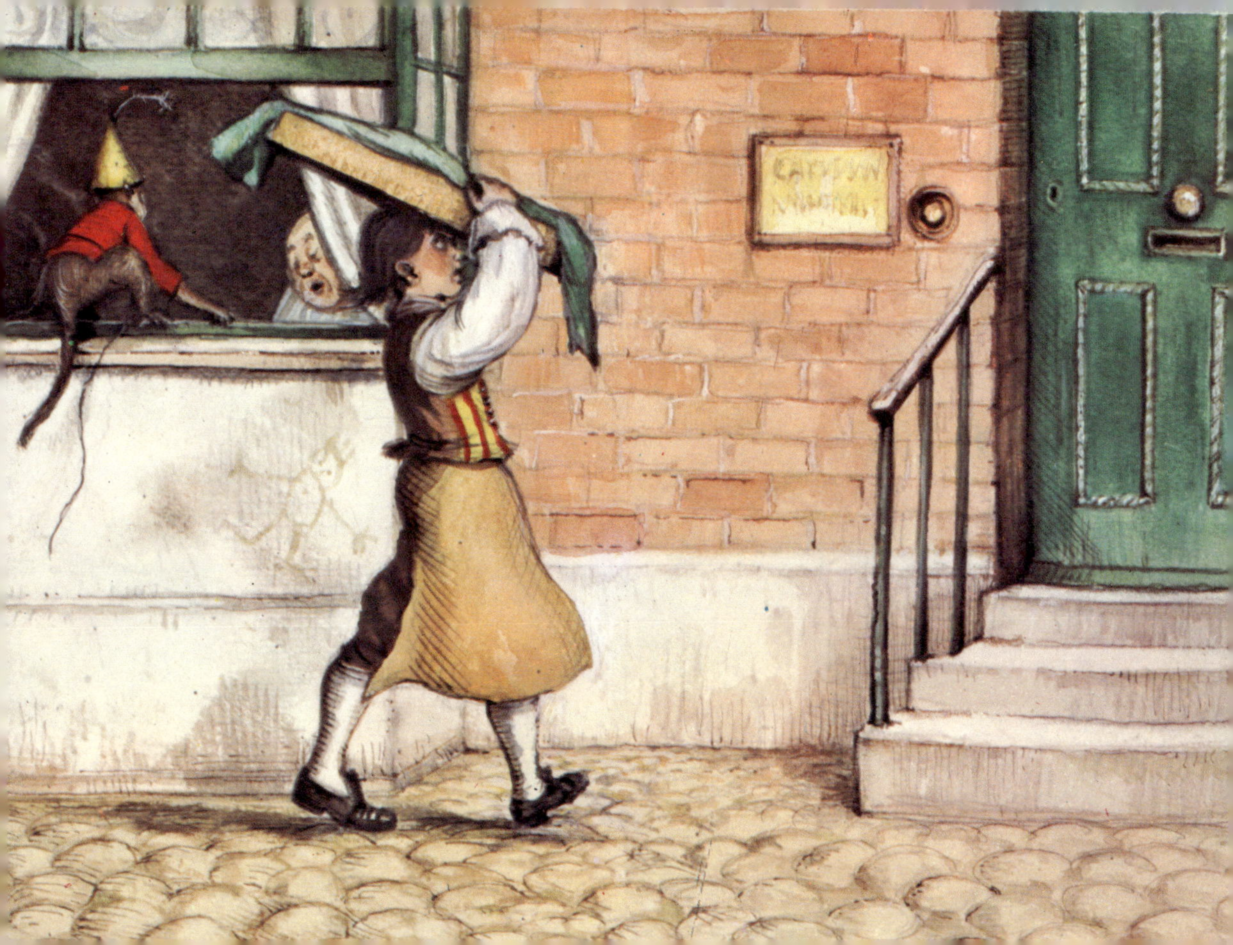

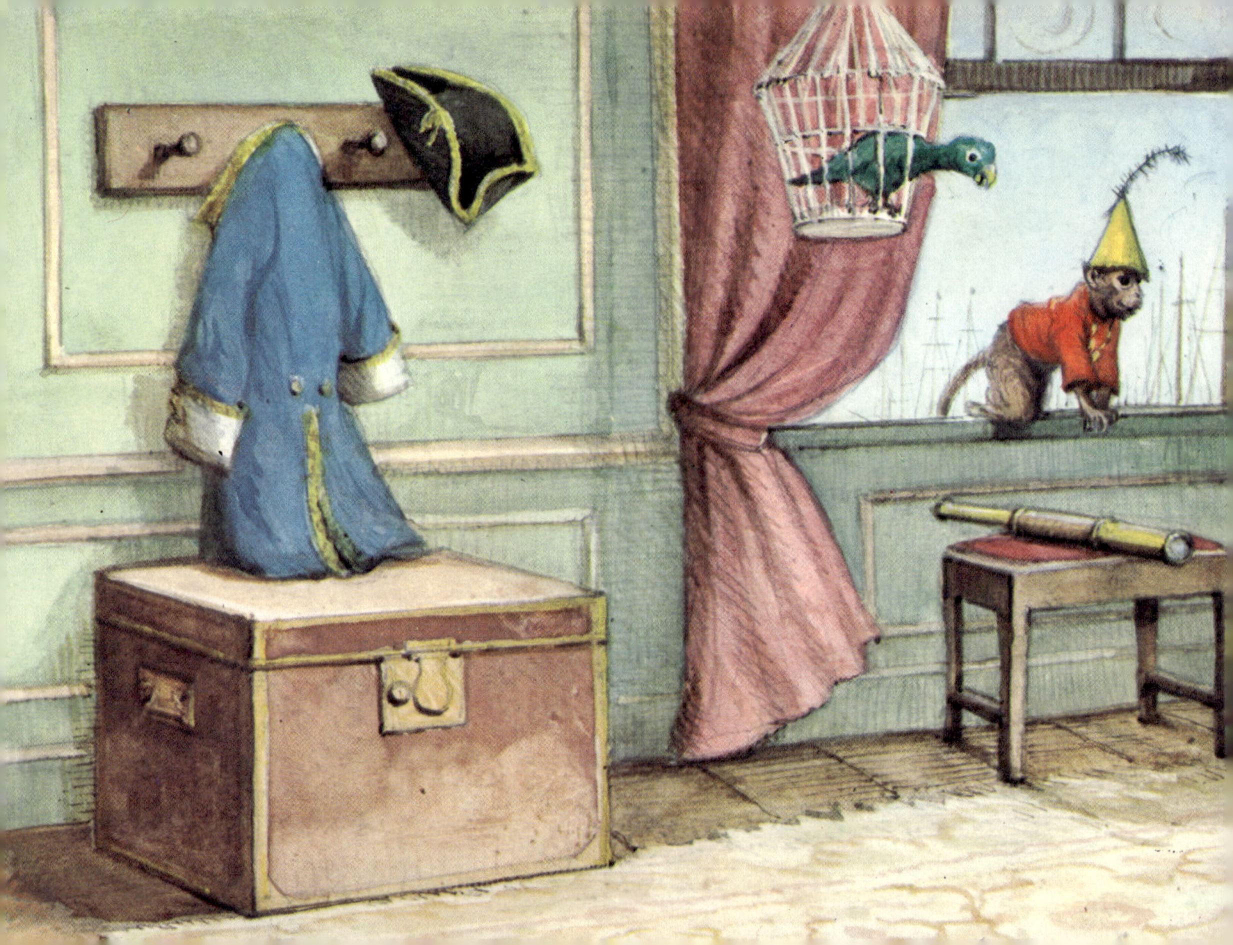

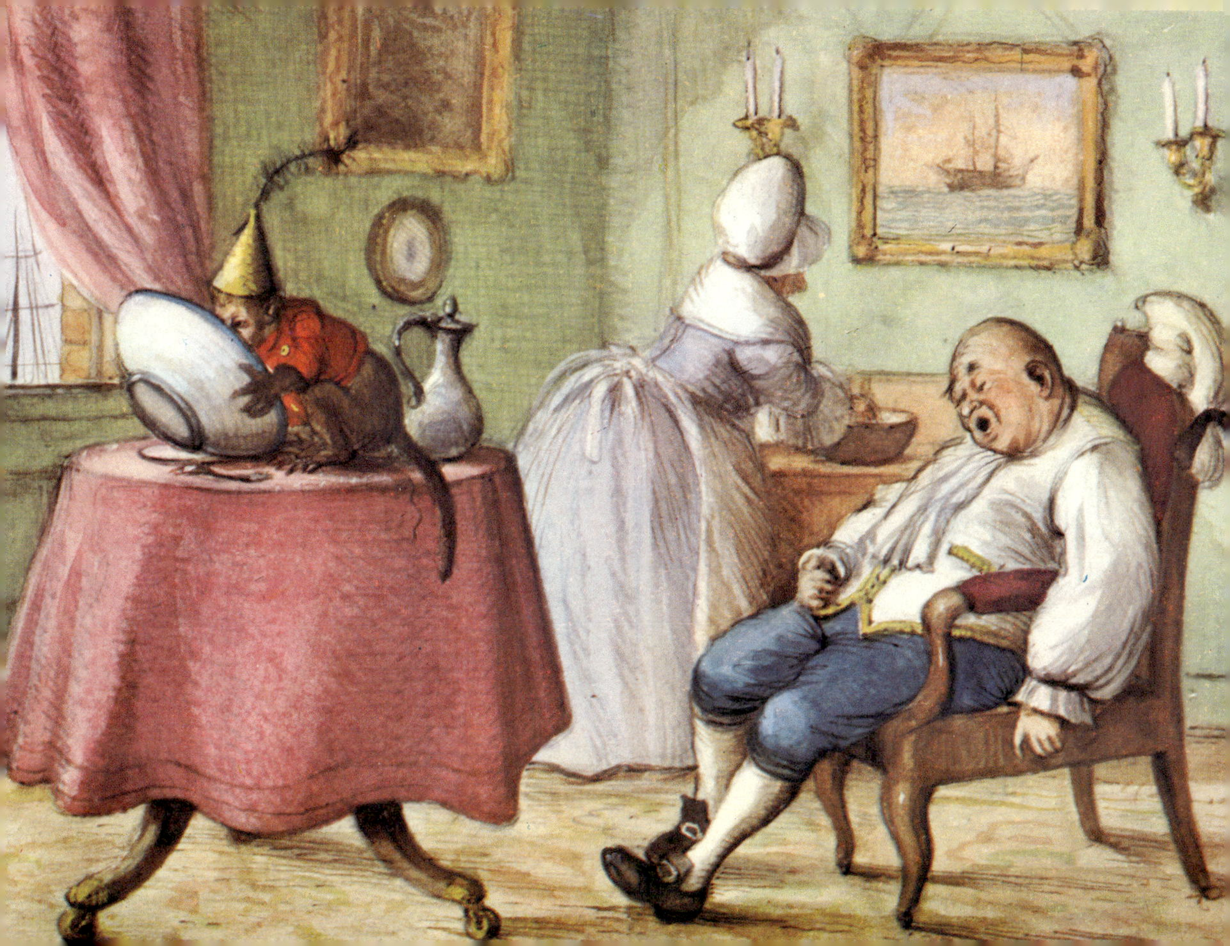

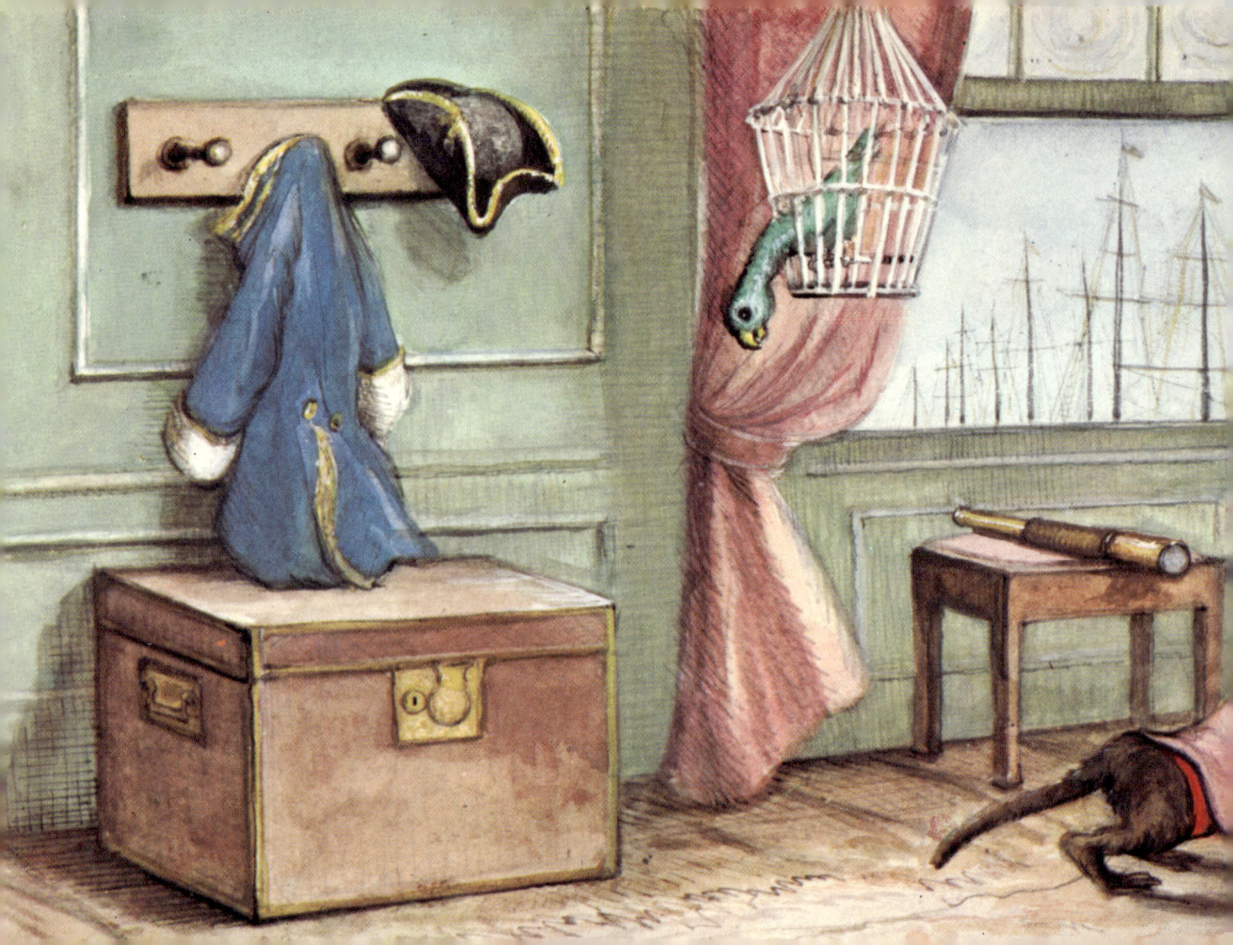

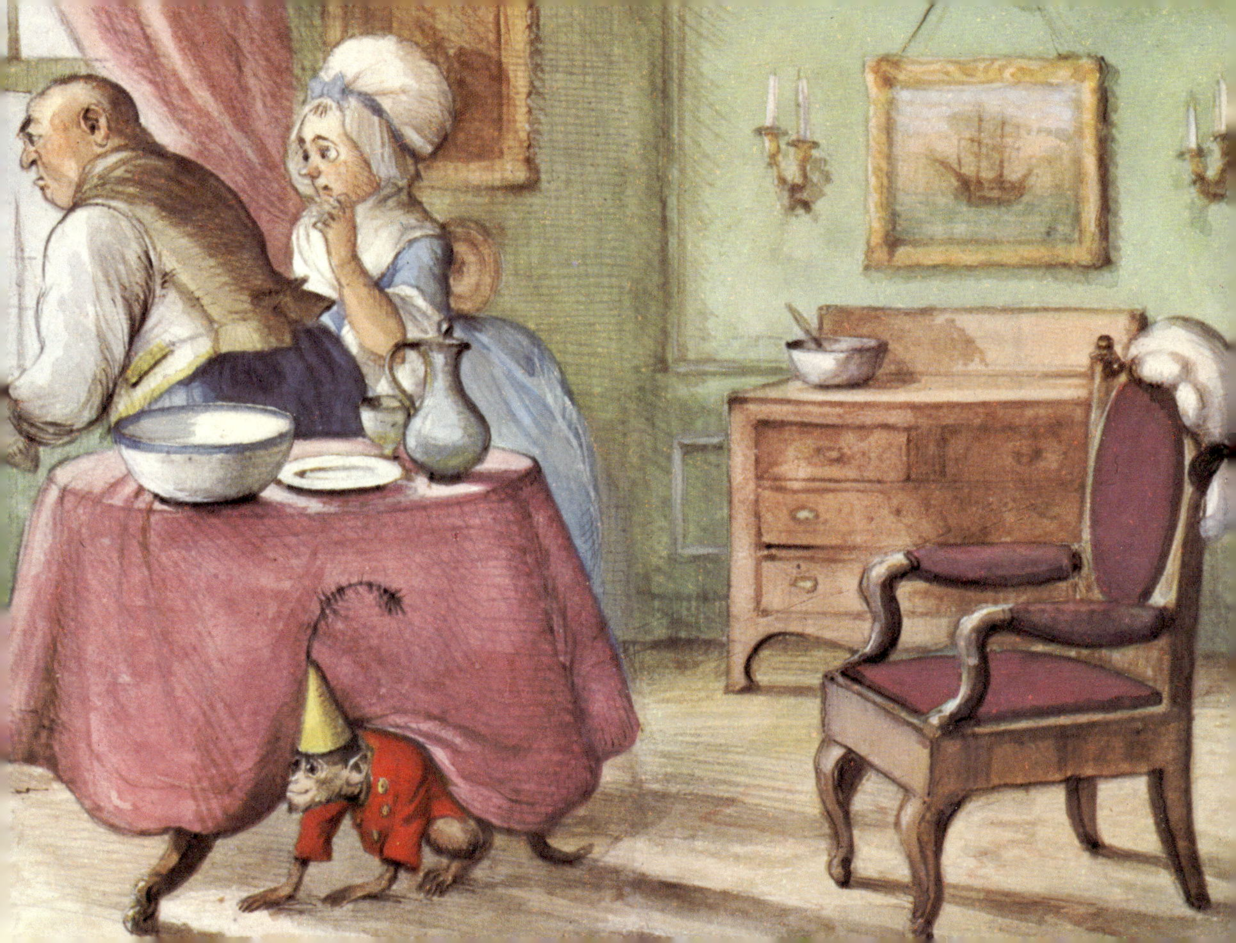

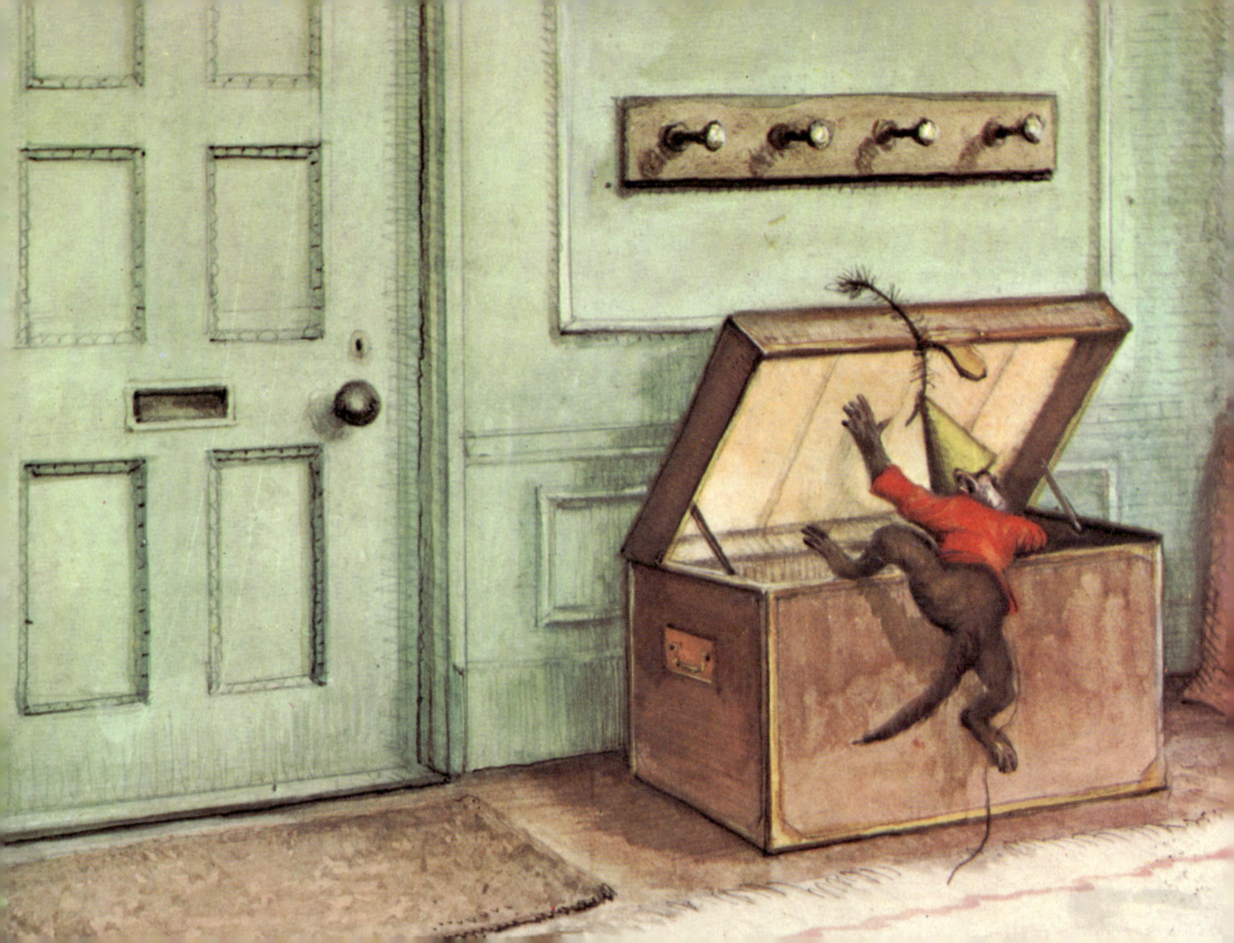

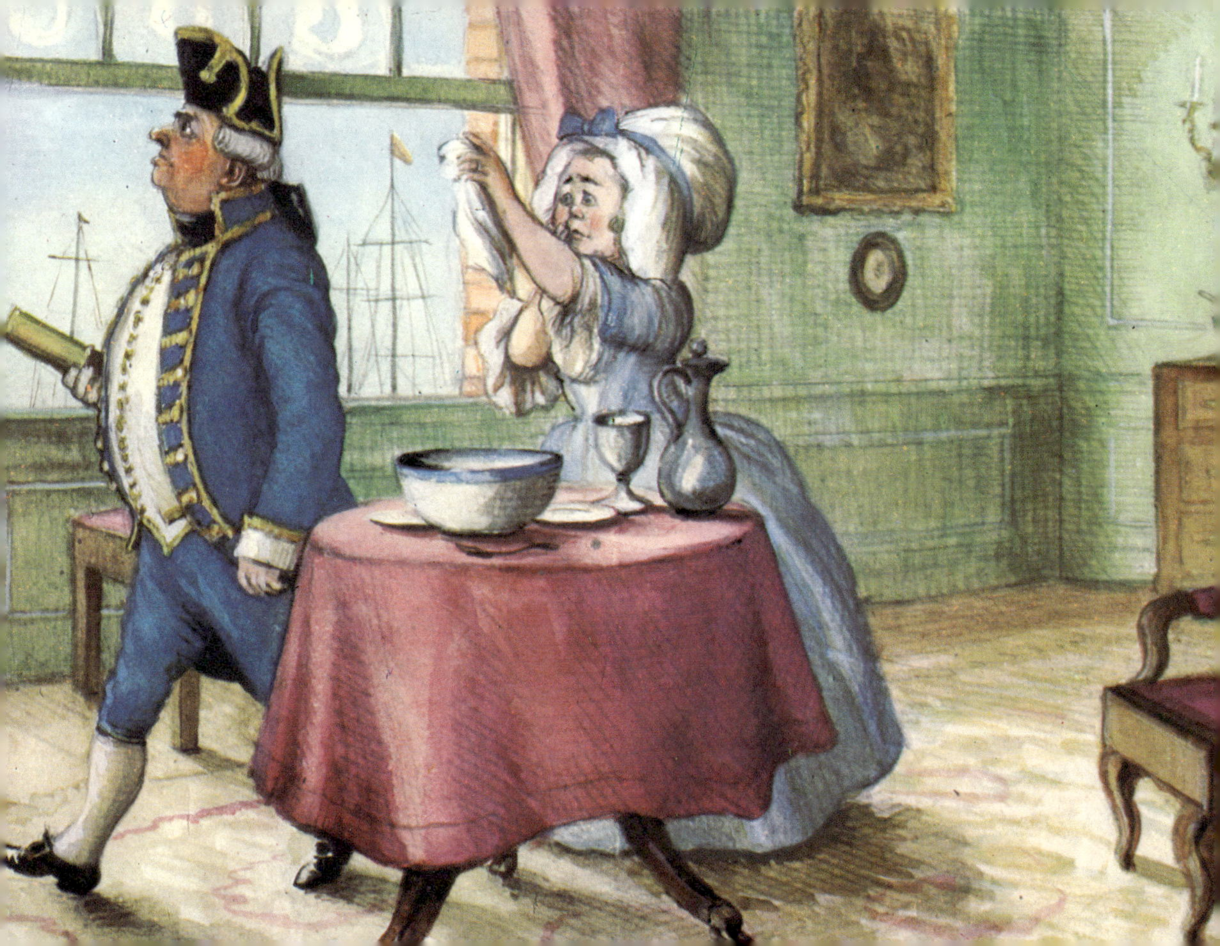

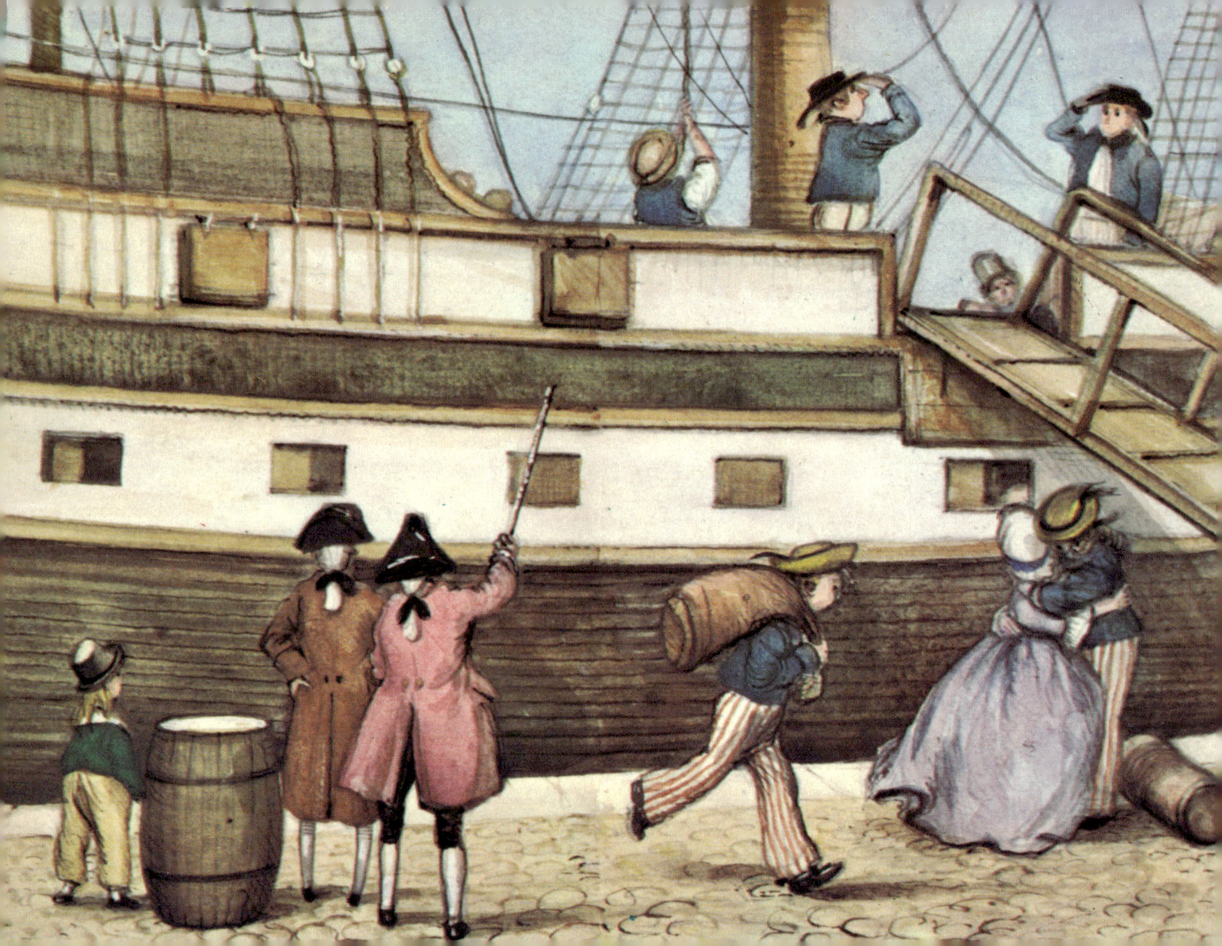

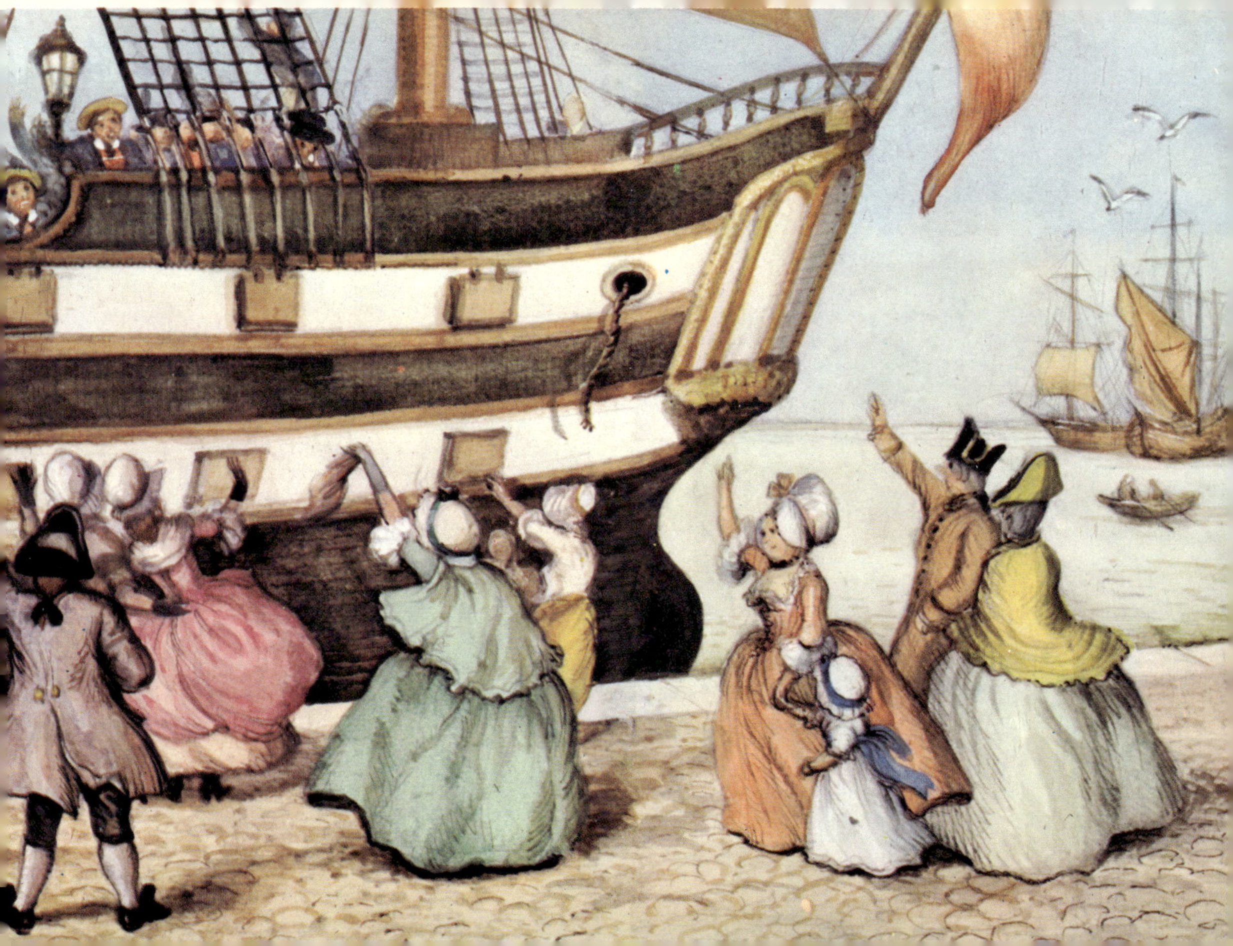

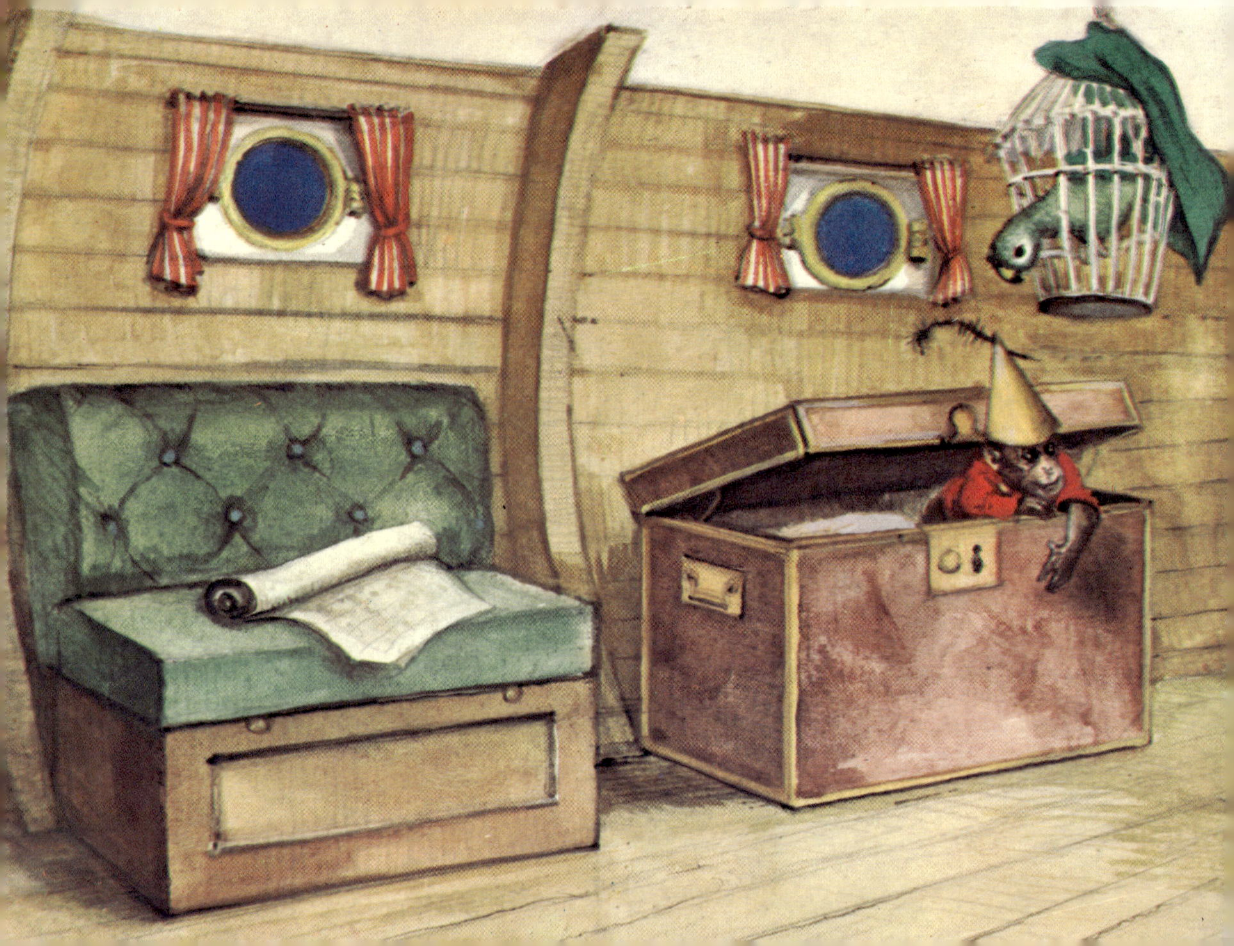

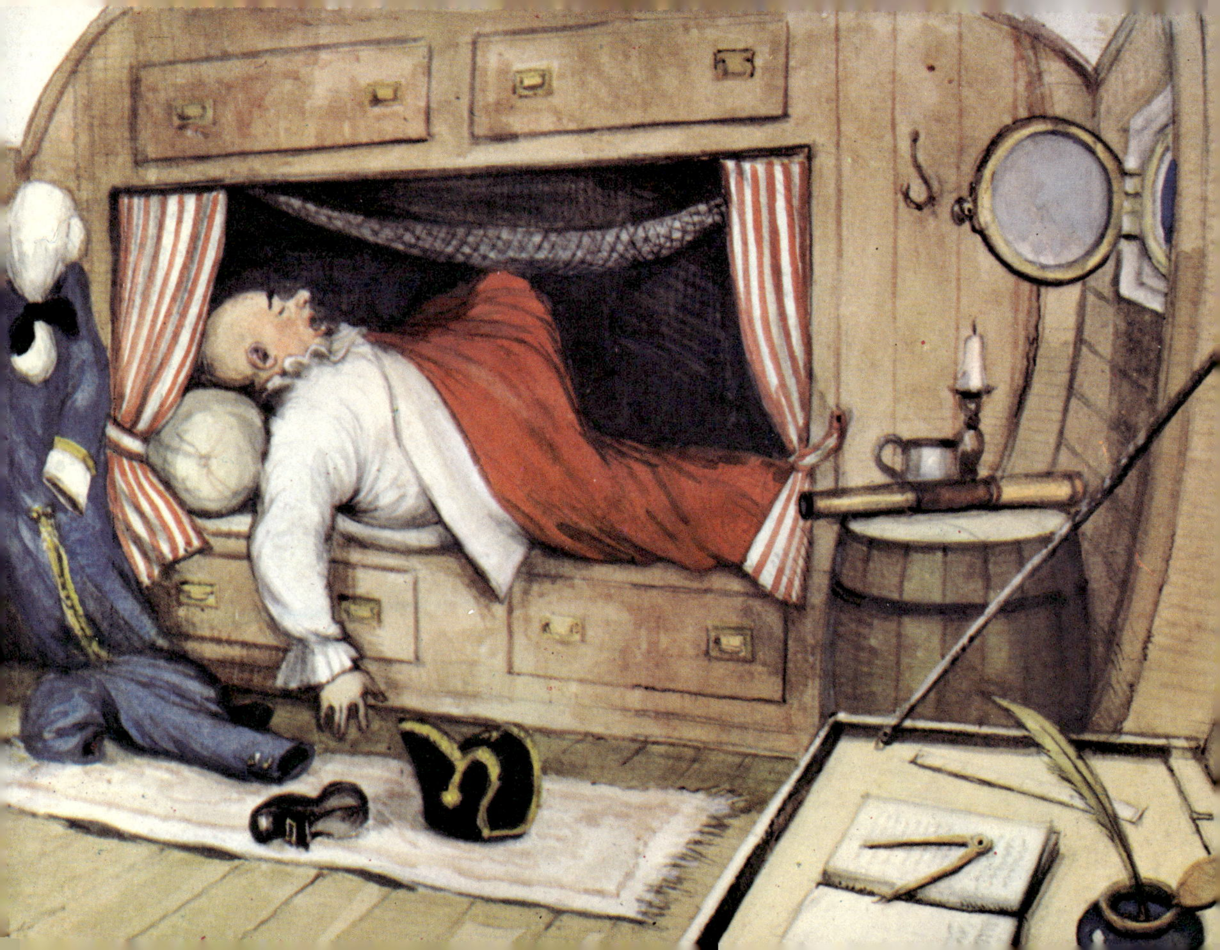

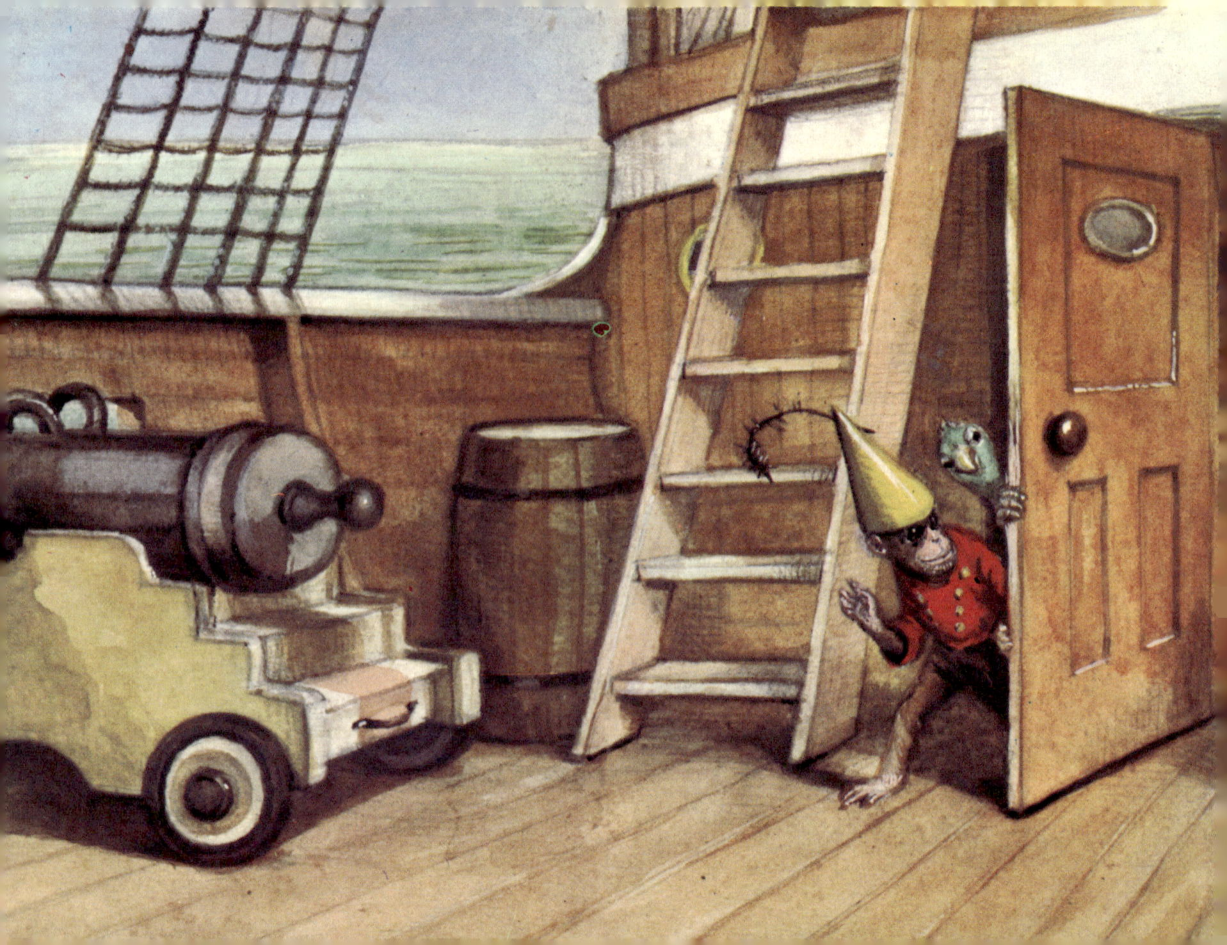

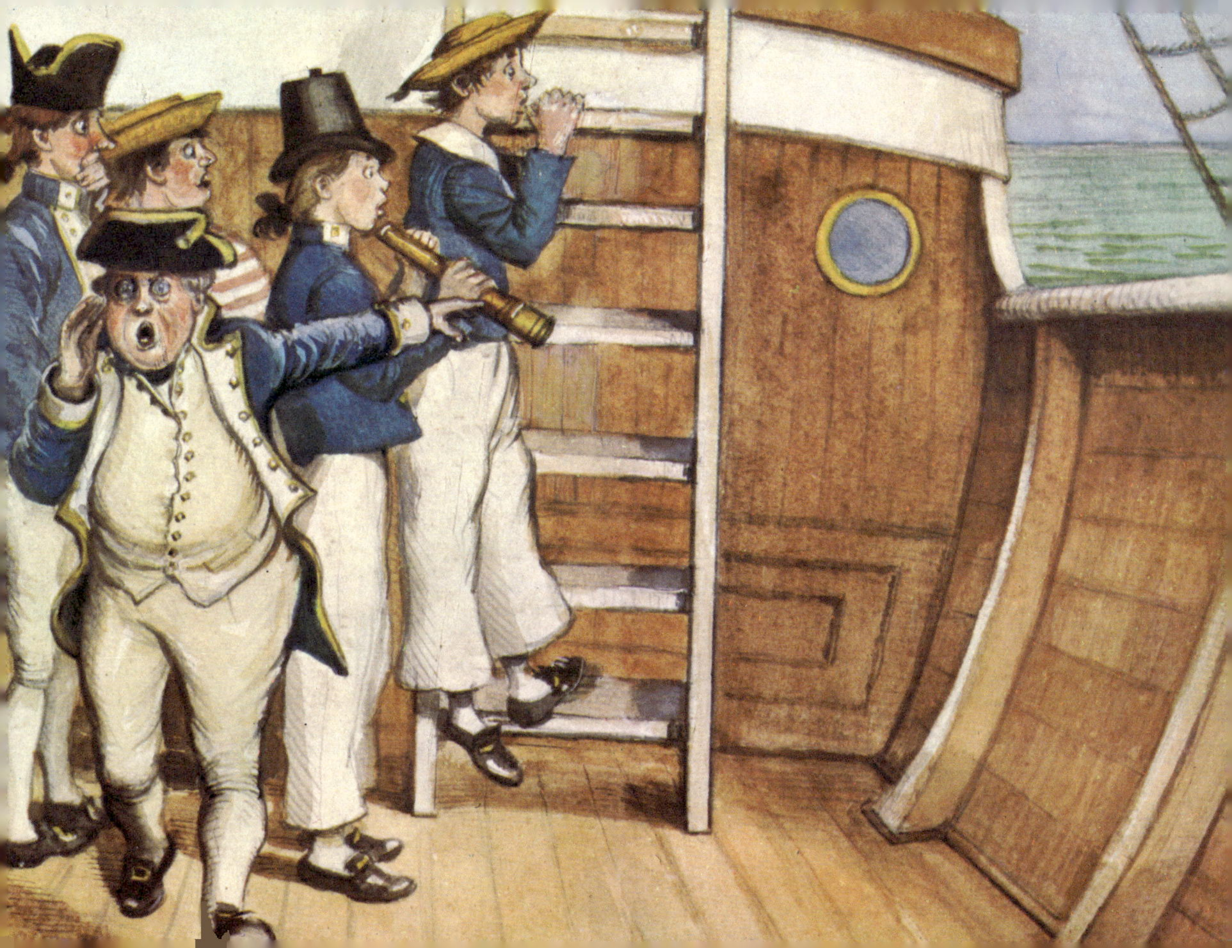

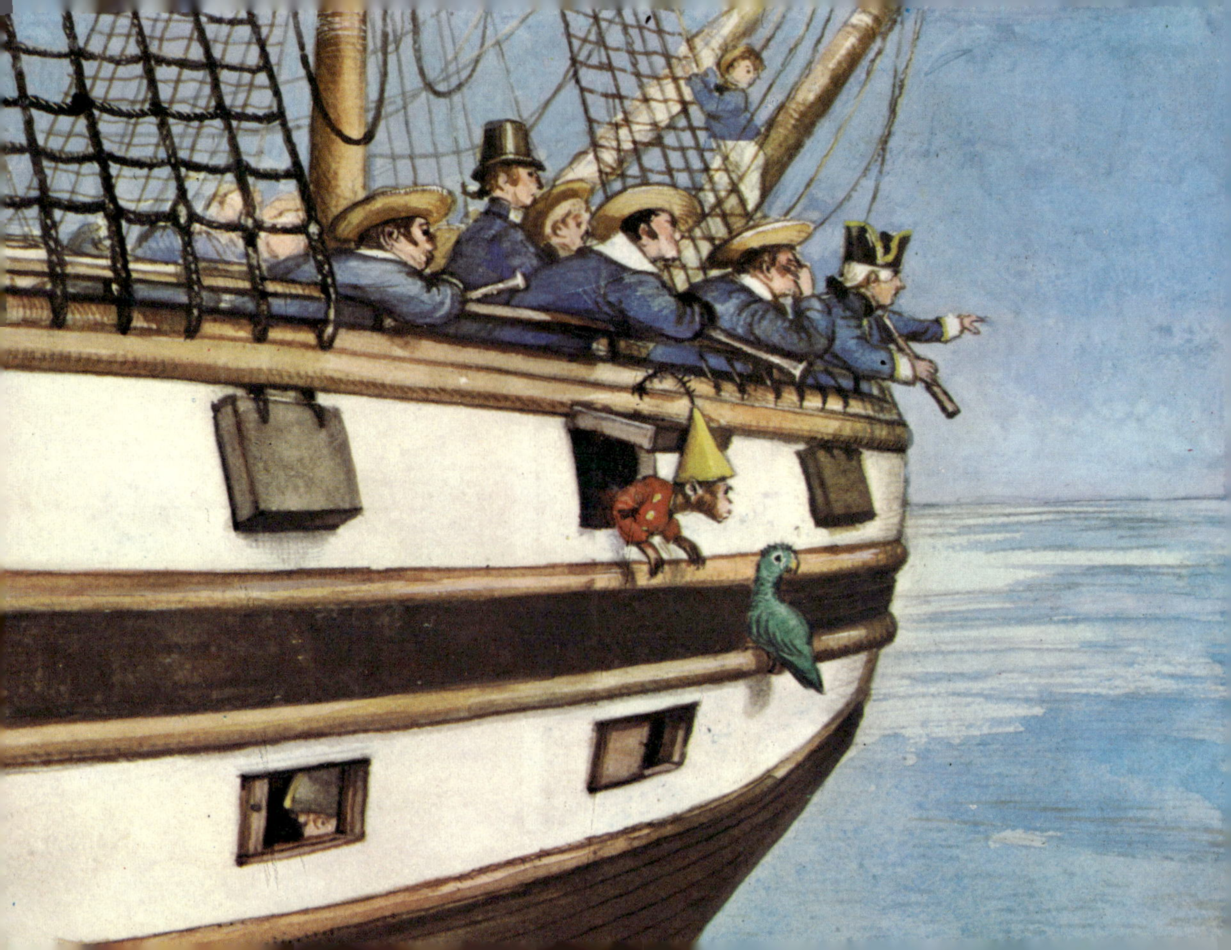

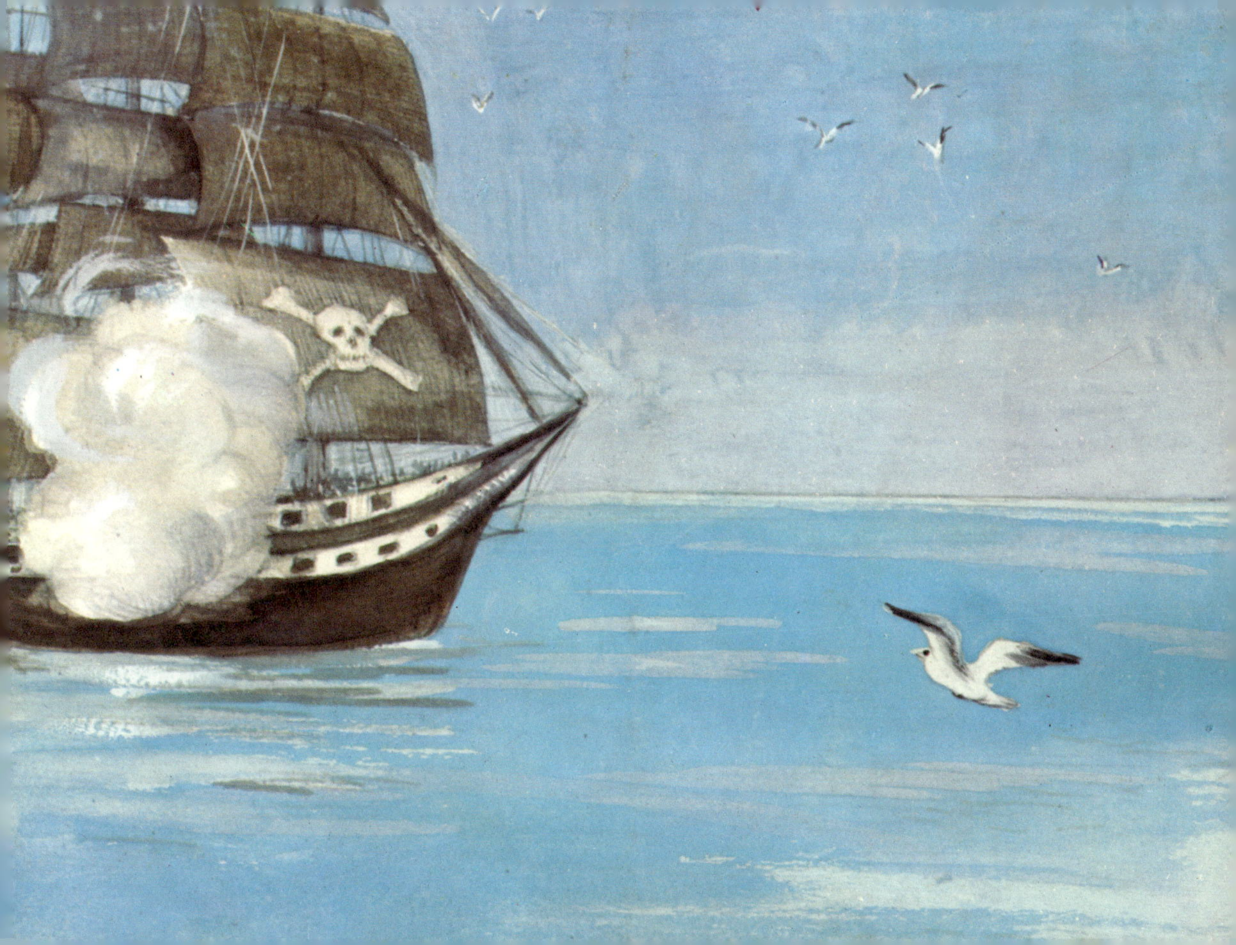

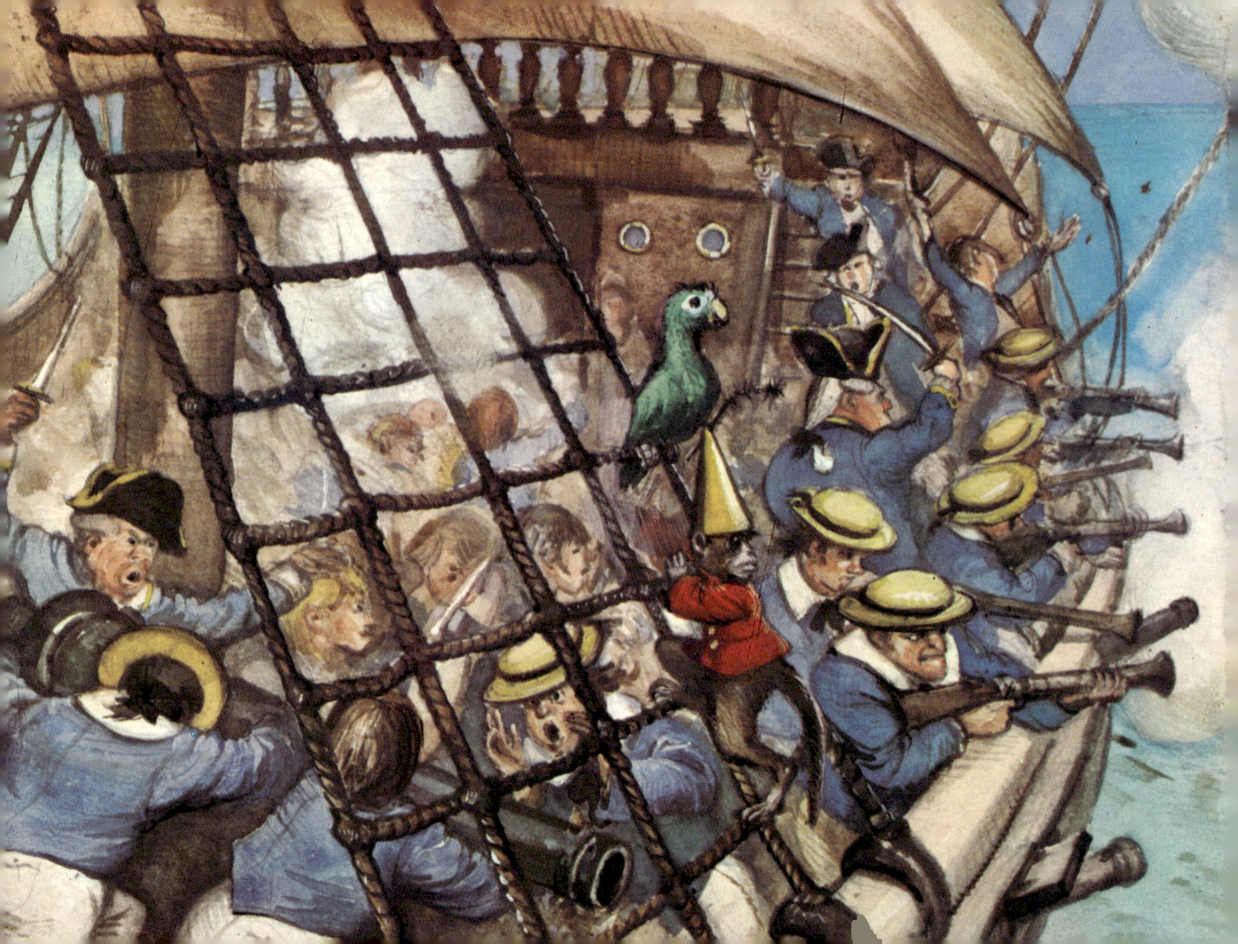

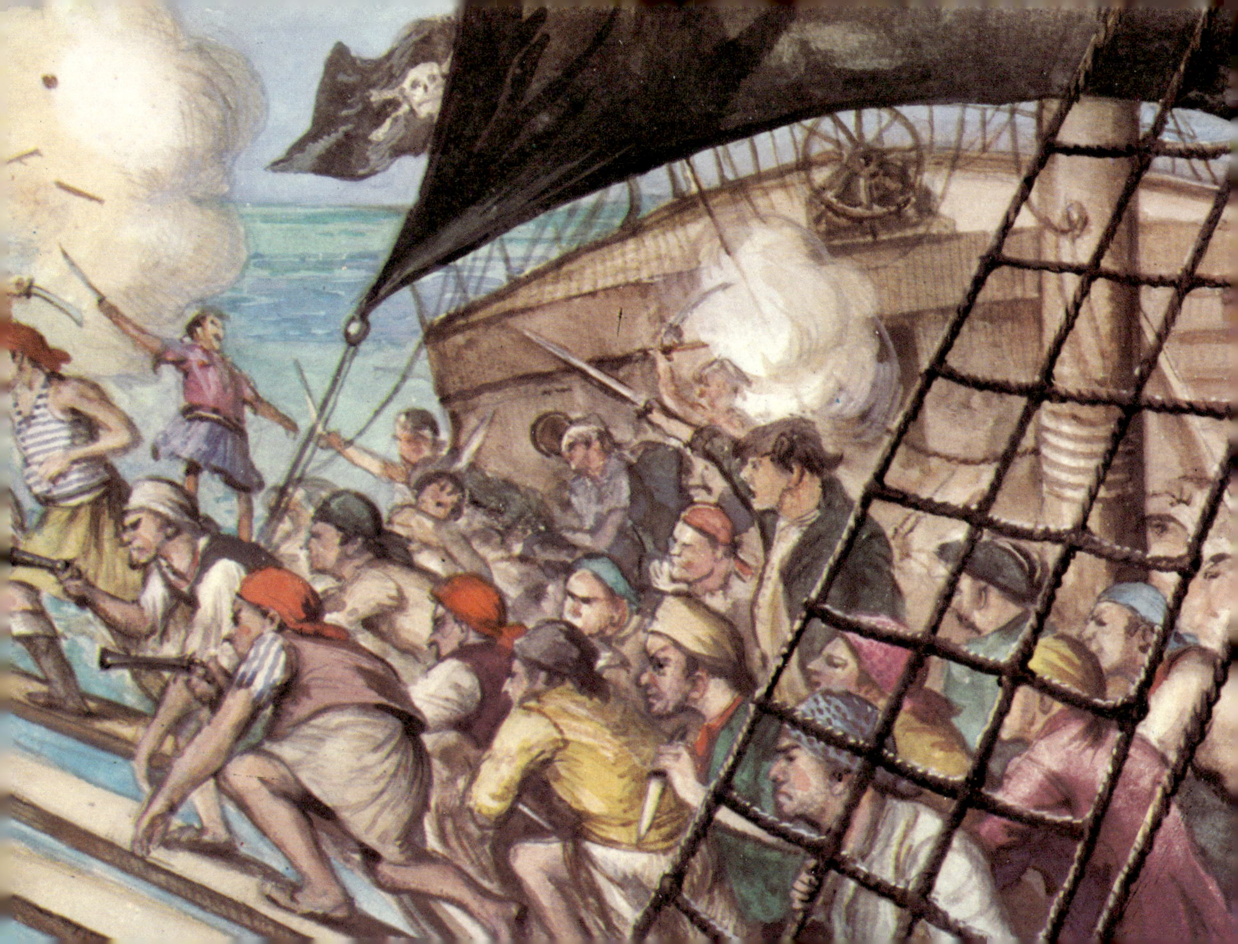

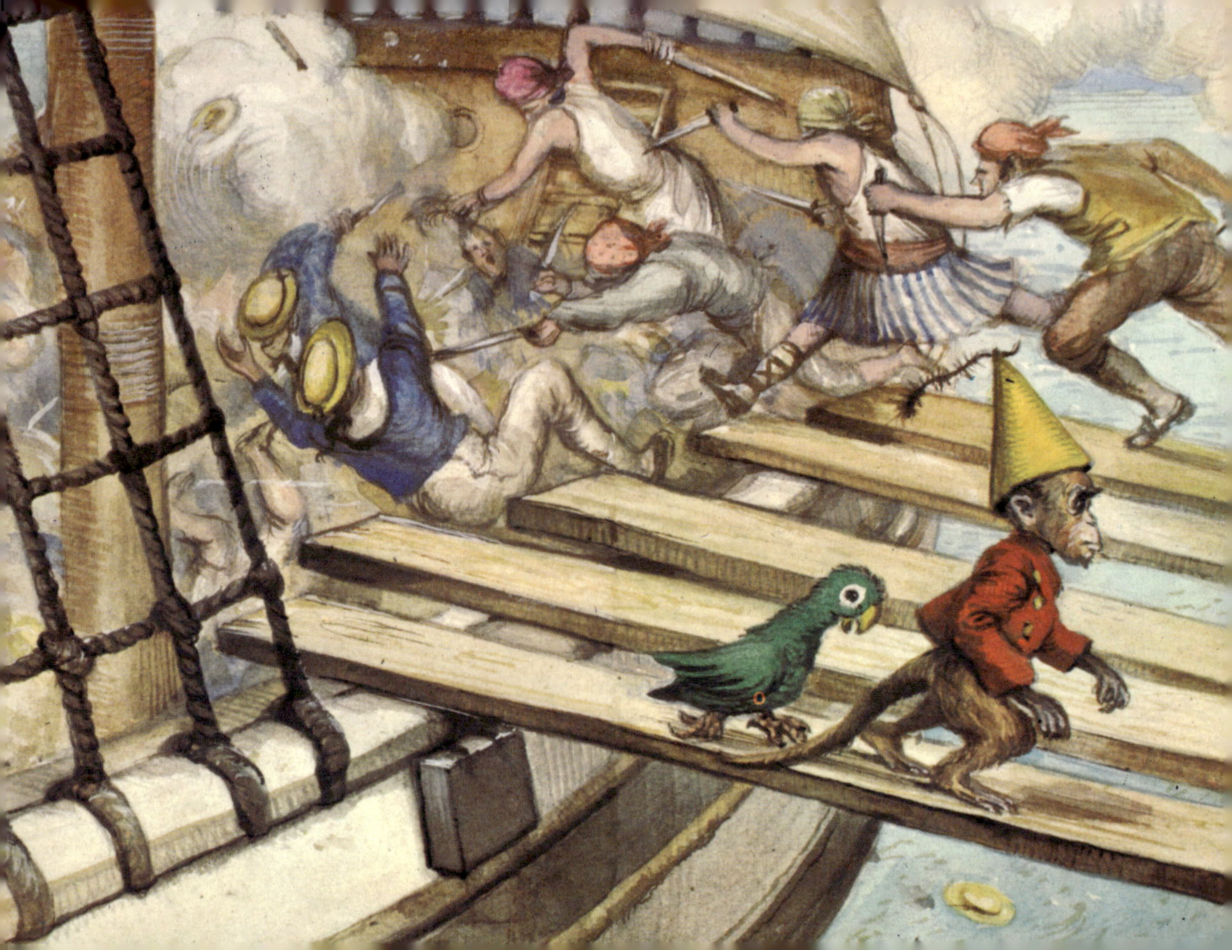

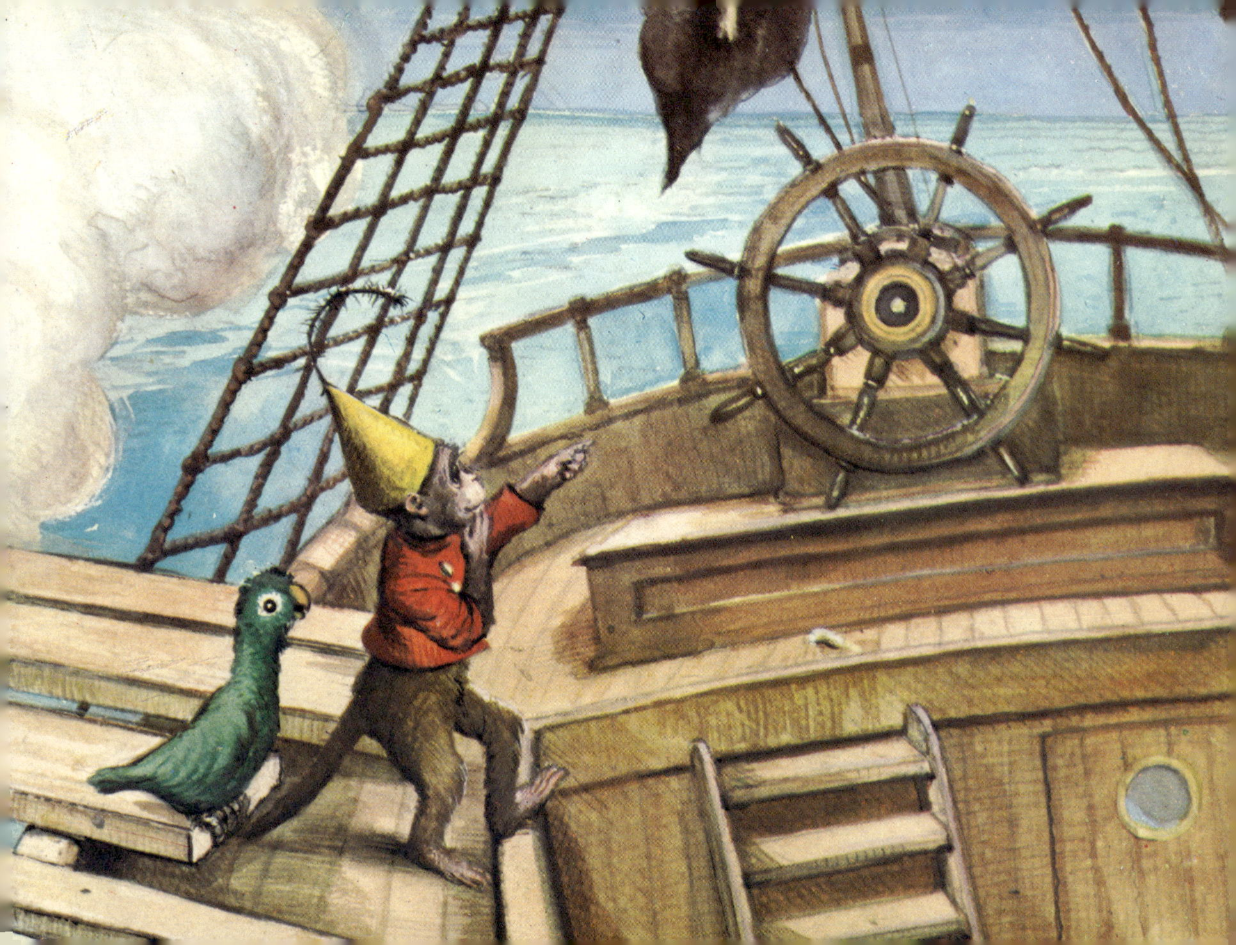

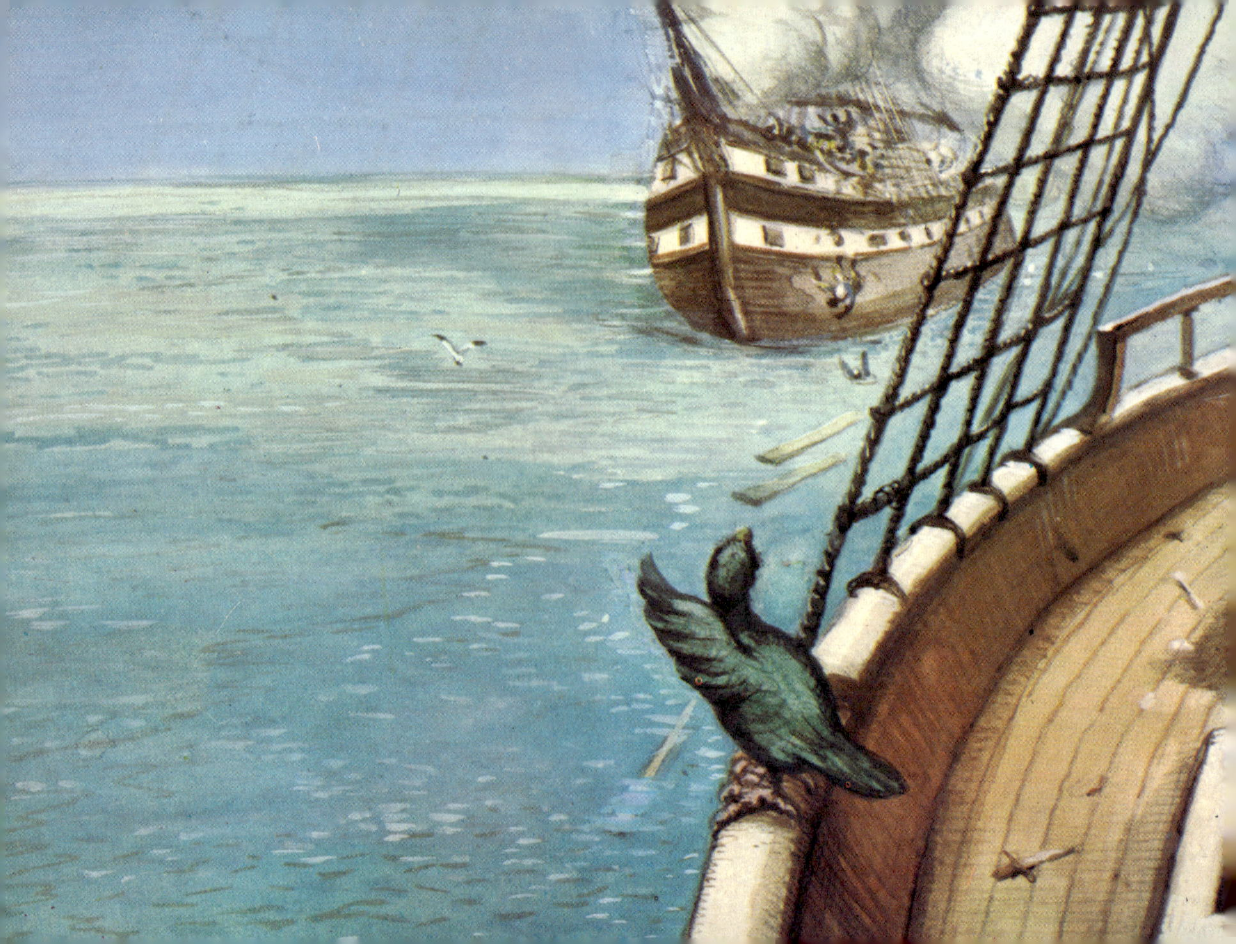

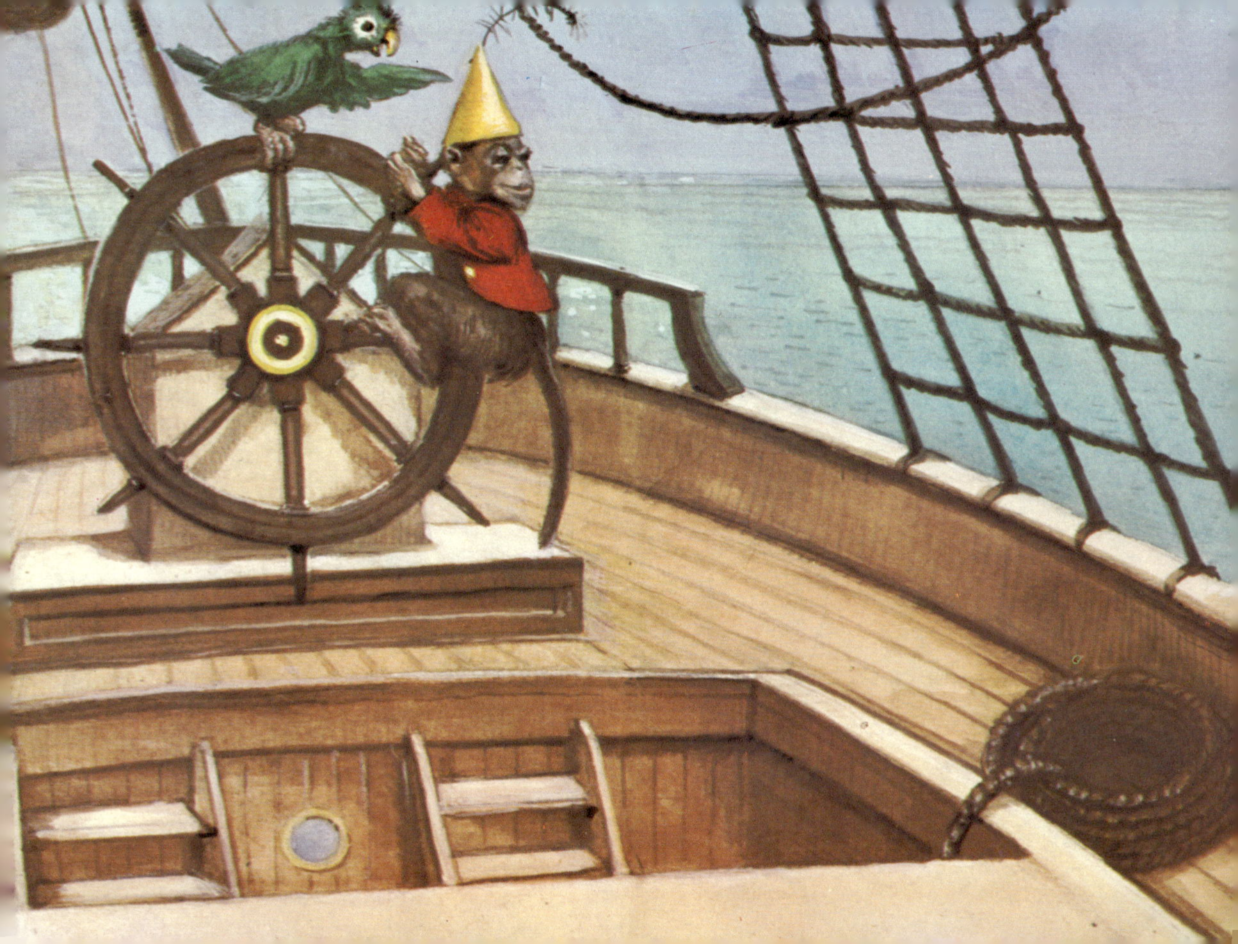

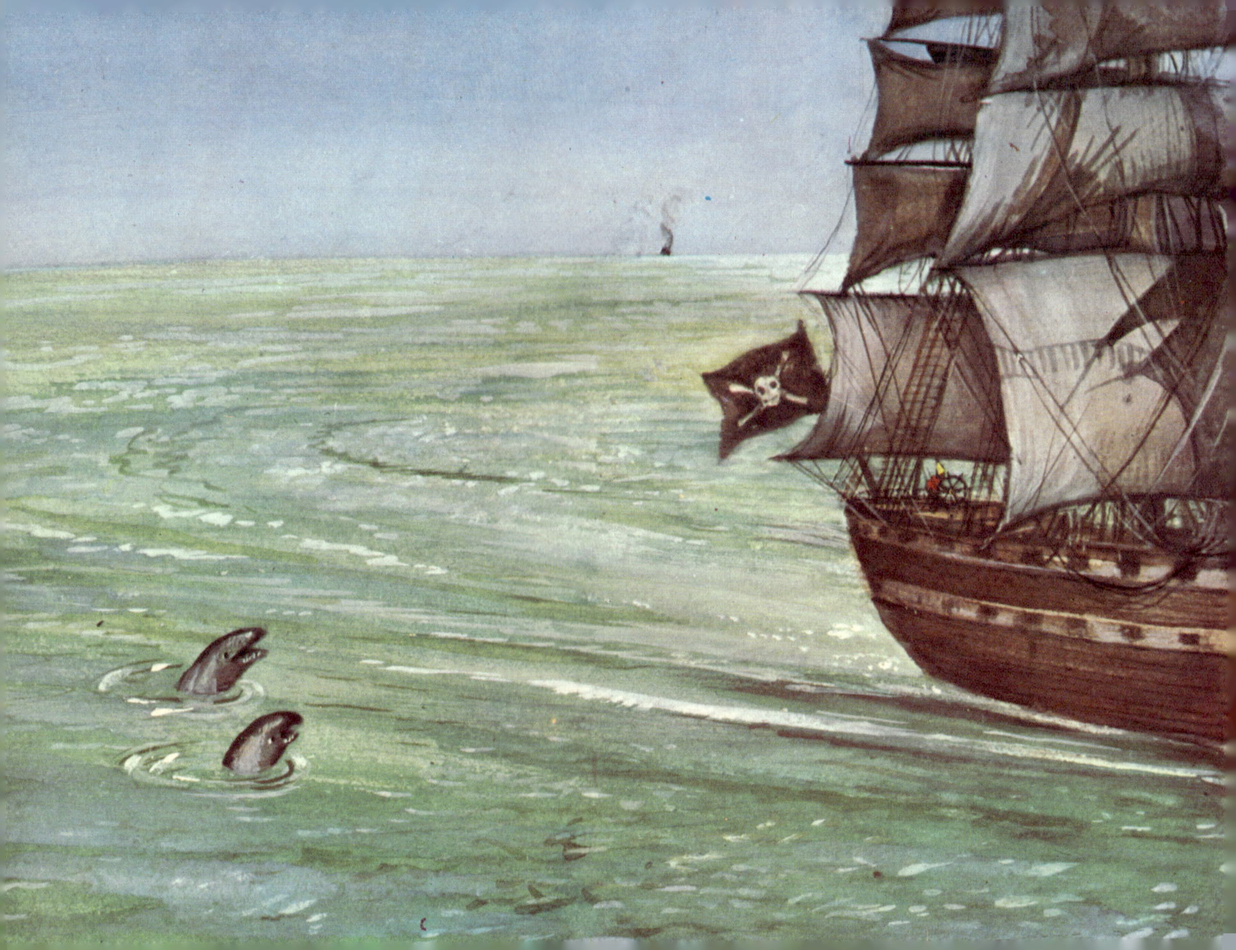

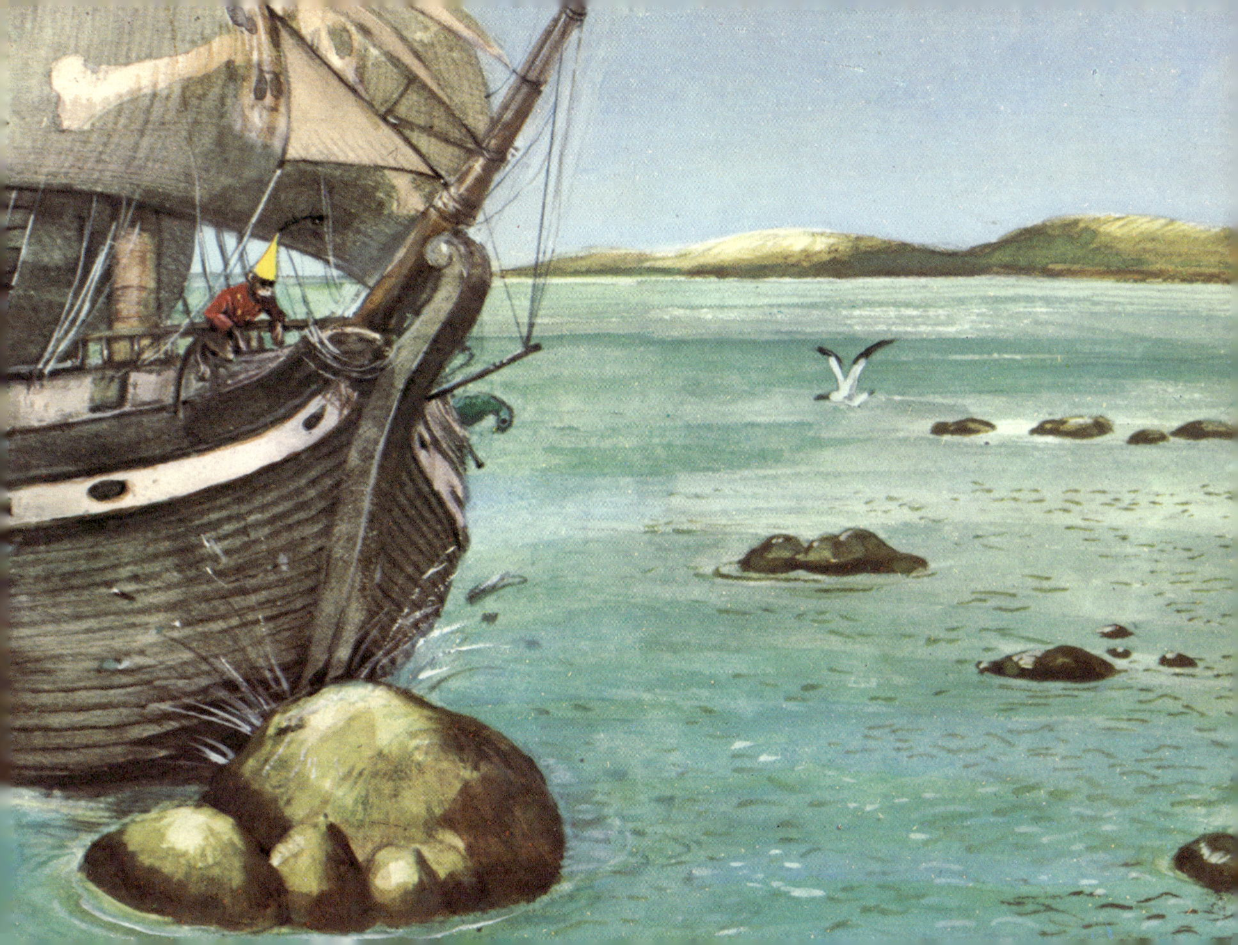

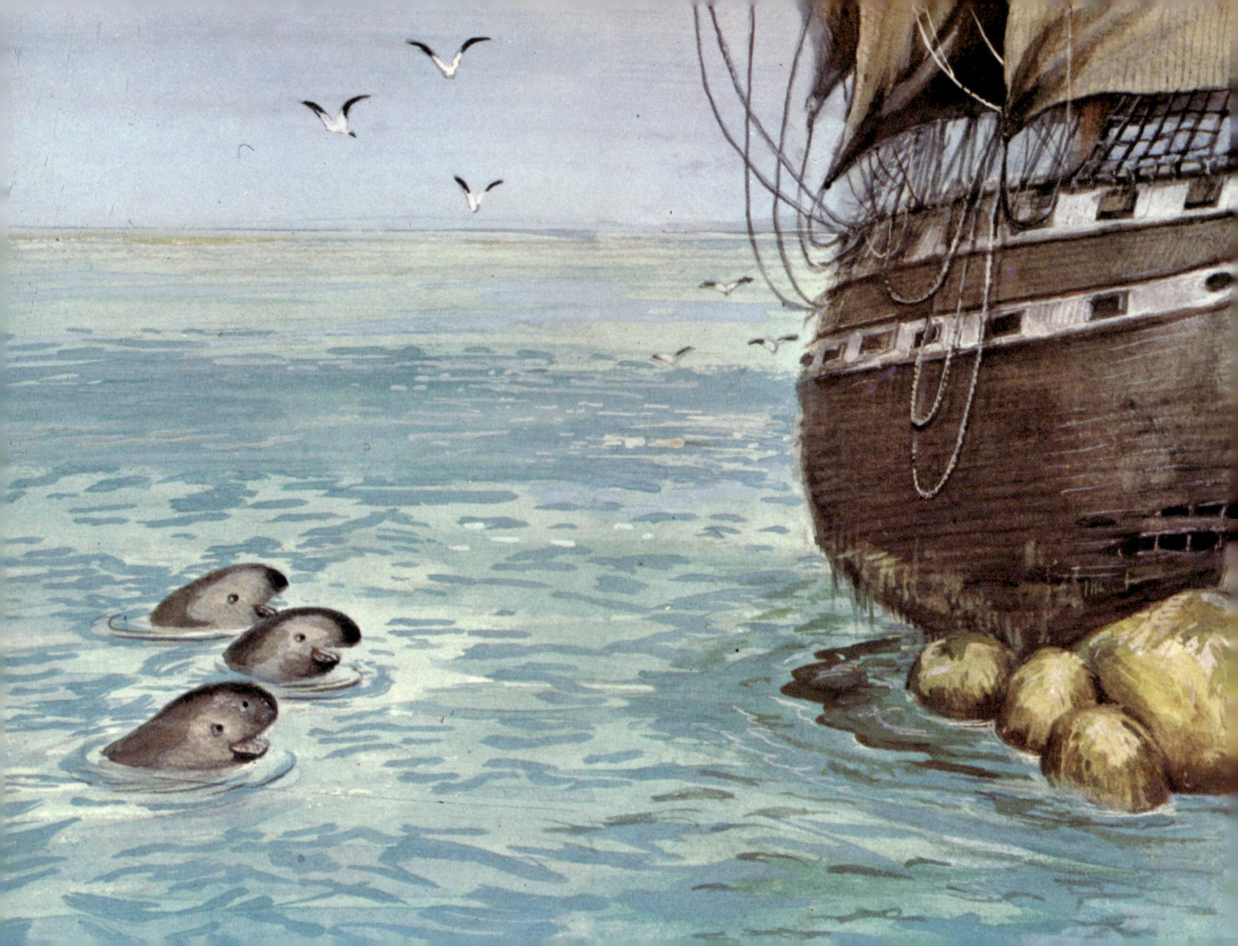

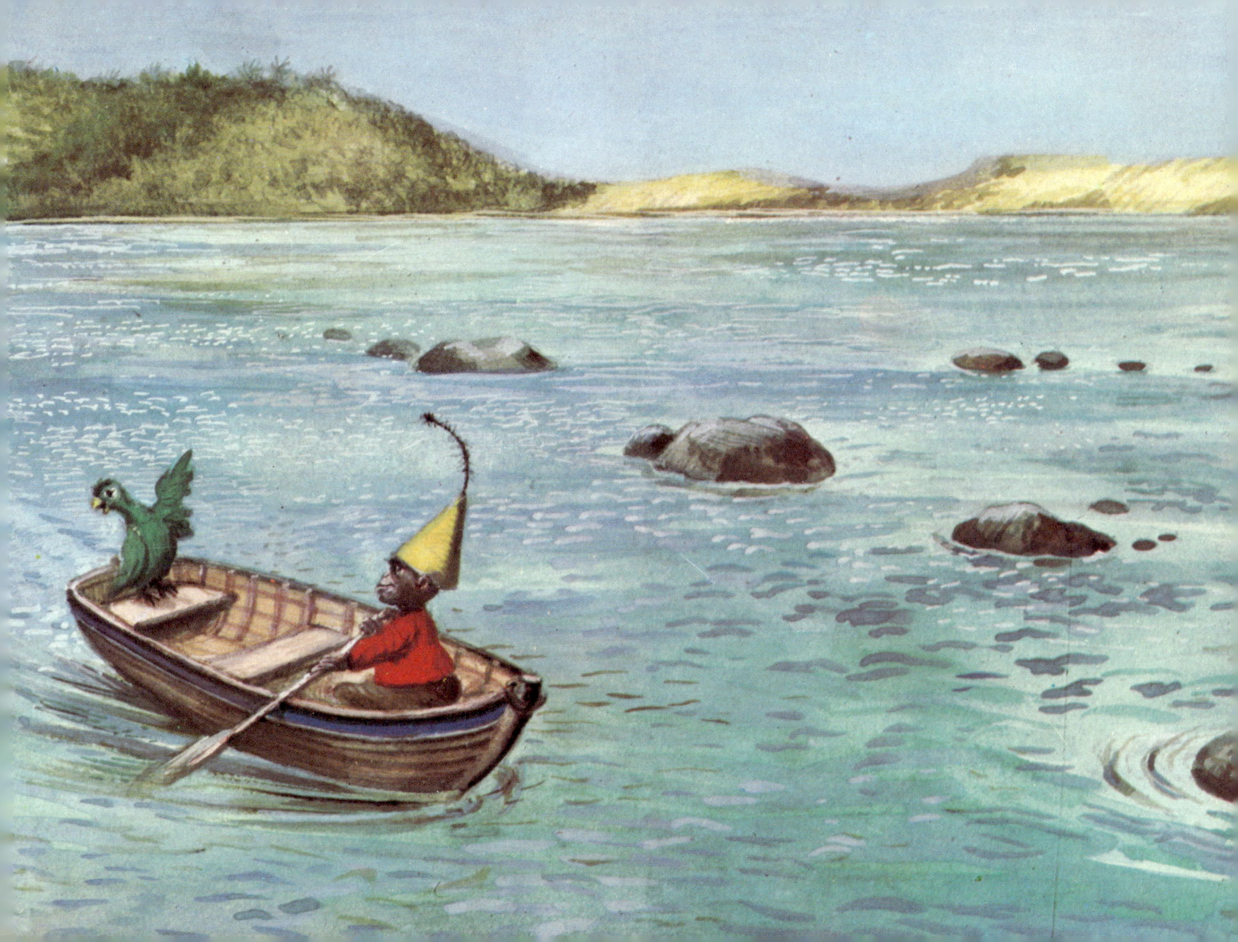

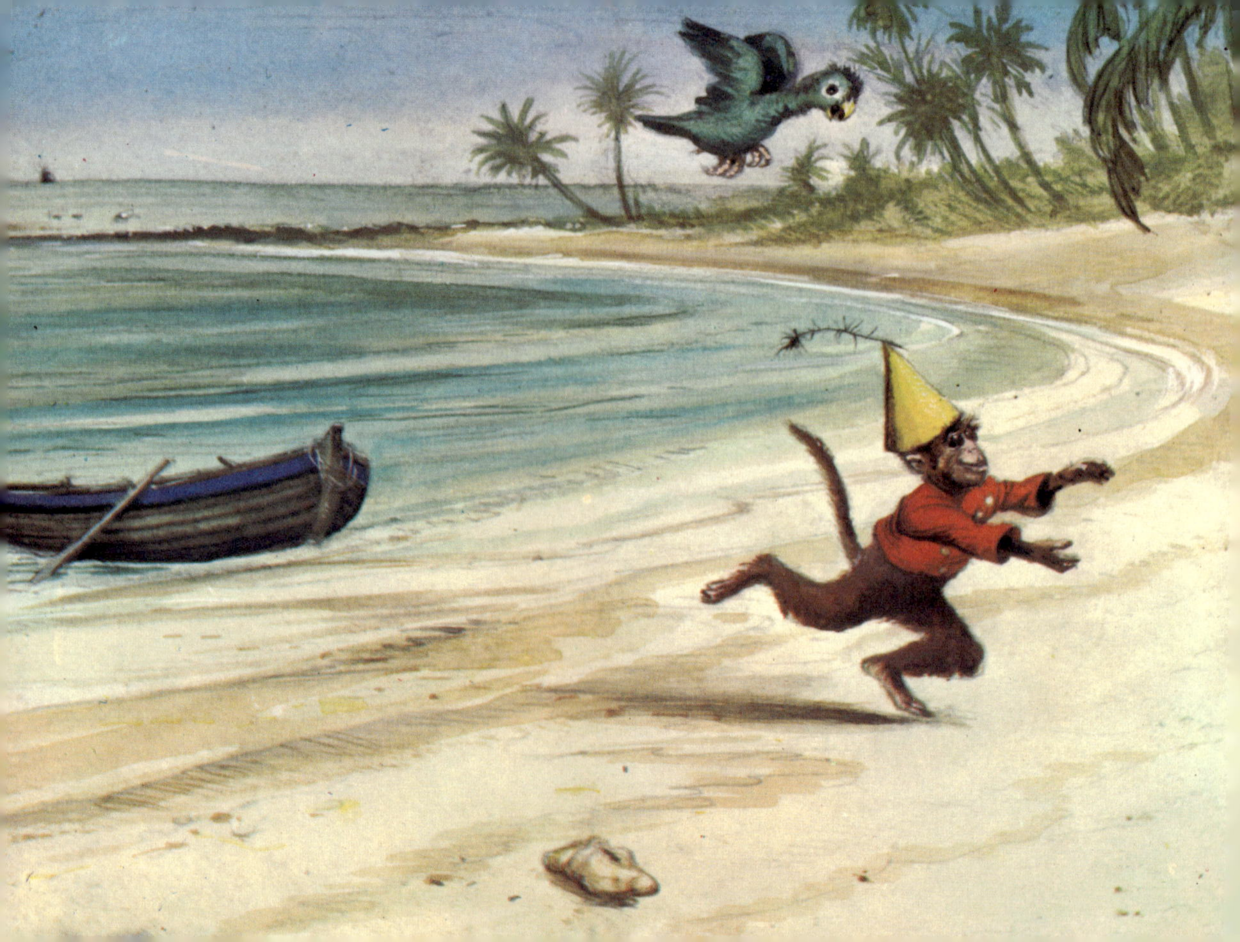

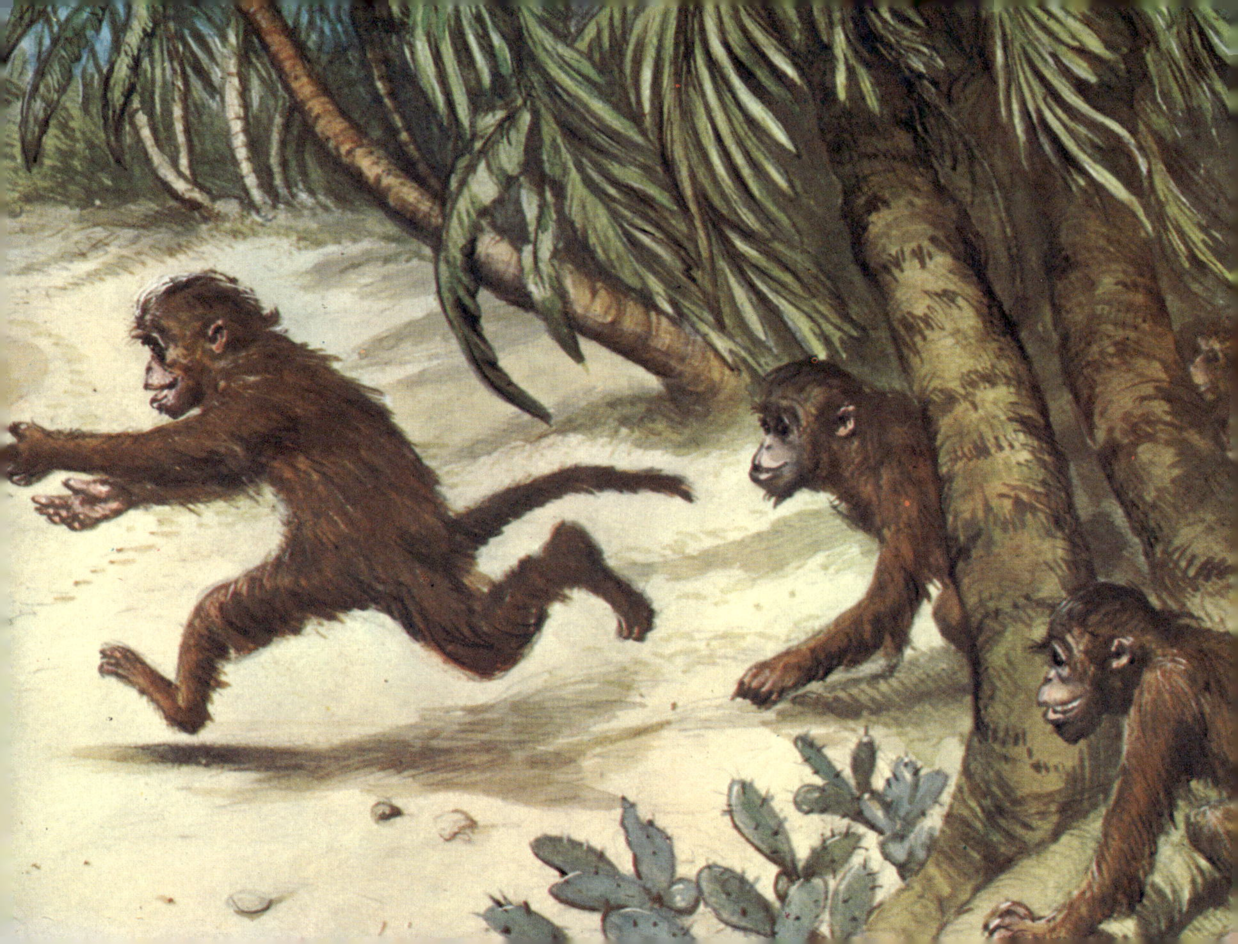

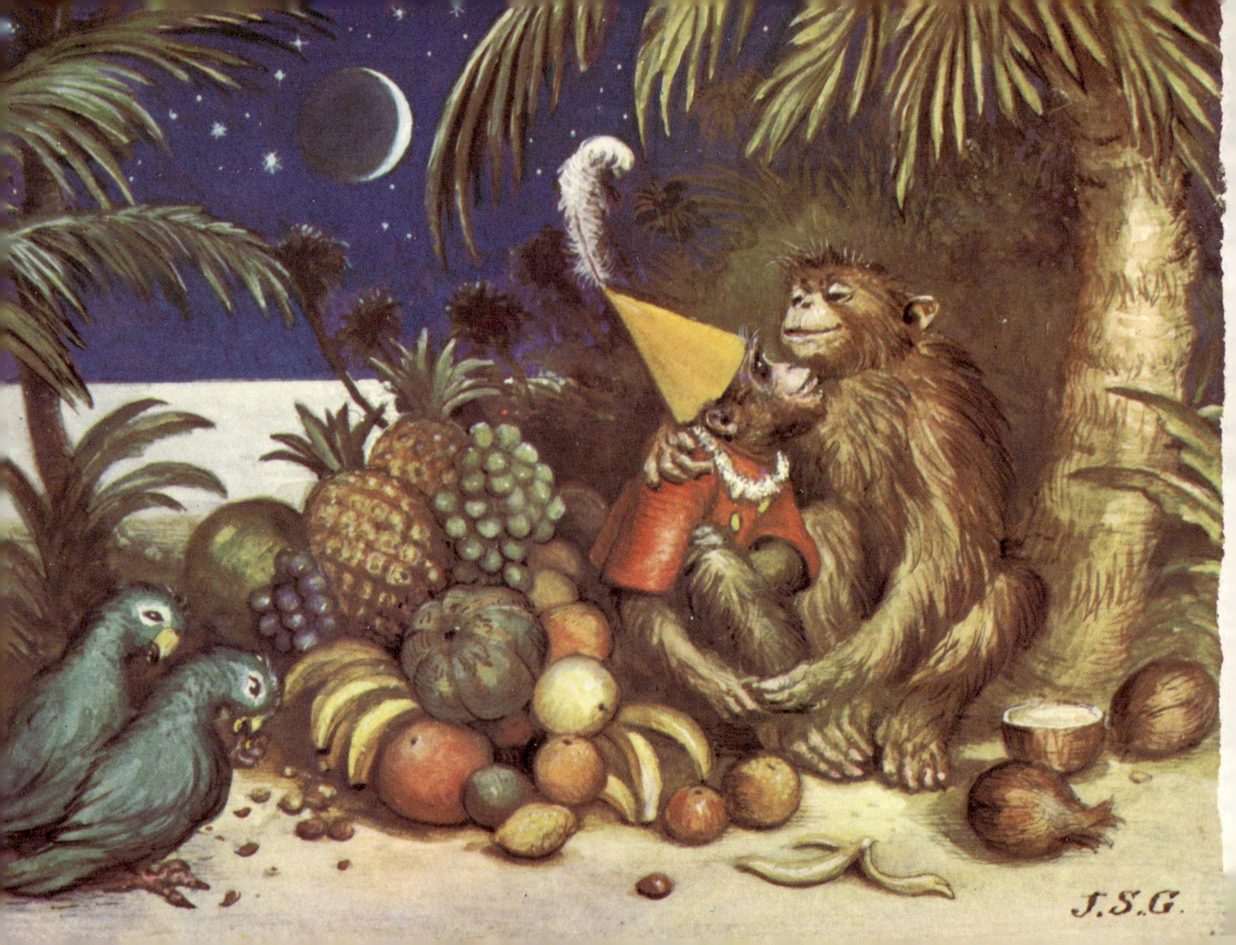
J.S.G.

J.S.G.